JN255490

センサティブ脳のパワーを高める

未来予知の法則

PROTOサイエンス会長
朝比奈　省爾

ごま書房新社

まえがき

もしも株価が確実に予測できたら…。もしも当たり馬券やロトナンバーズの数字が予知できたら…。こんなことを言うと、すぐに「そんなのあるわけない」「当たったとしても偶然だよ」という答えが返って来るのがオチではないでしょうか。

だって、そんな人間はいないという前提の元で宝くじも競馬も成り立っているのですし、株式市場だって大儲けをした人はインサイダー取引などの不正行為で罰せられることが多いことを考えると、「まあ、そんな超能力があったらいいけどね」というのが大方の反応ではないでしょうか。

しかし中には「宝くじやギャンブルで勝ちを連発する超能力者のような人がいる」という話もあり、詳しく聞いてみると一概に嘘だとは決めつけられないようです。

3桁の数字が〝ビジョン〟として見えたとか、〝予知夢〟によりさまざまな言葉や光景が浮かび、ナンバーズ3を連続して当てたという証言があります。パチンコで大勝する人などは大当たりする台が光って見えるということです。

中でもイギリスのＢＢＣテレビで実際に紹介され大反響を呼んだピーター・フェアリーという男は、未来の競馬レースの結果が夢の中に出てきたり、車を運転中に聞こえてきた声で知ることができたため大金持ちになったという話は有名です。

ところが株（先物）やＦＸなど証券取引になると、どうもこうした〝見える〟人々の話があまり聞こえて来ないのは、単純明快なギャンブルなどと違い、複雑で流動的な証券市場―そこでは多少の知識も要求される―に超能力者達がなじまないからかもしれませんし、また合理性を重んじる投資家達がそうした曖昧模糊とした手法を信じないからかもしれません。

その結果出てくるのは、〝ファンダメンタルズ分析〟や〝テクニカル分析〟といった一見合理性の高そうな手法を前面に出した予測業者で、「急騰期待銘柄を狙い撃つ」とか「投資のプロが厳選する大化け銘柄を公開」、あるいは「的中率90％の底値買い投資法」などのキャッチコピーにつられて大金を払う投資家もかなり多いのではないかと思われます。

しかし、もし本当に大儲けできるのならなぜ自分が直接やらずに他人に情報を流すのかという点が疑問で、結構いい加減なのではないのかと考えた方が無難なのではないでしょうか。投資顧問などは法規制があるため、多くは真面目な業者だと考えられますが、これがギャンブルになると無茶苦茶で、明らかに誇大広告と思われる宣伝文句が横行し、書店のコーナーに山積みされる雑誌や本を、マニアが取っ替え引っ替え買っているのが実態なのです。

そんな状況の中で本書の主張は―超能力には違いありませんが―、食生活や生活事項に注意しながら一定の訓練を積んでいけば、株価やギャンブルの結果まで予知する能力を身に付けることが可能になるとするものです。

未来予測（過去・現在の真実も）を目的として十数年活動してきた筆者にとって、〝予測精度〟などお構いなしに言いたい放題の感のある霊能者や占い師の存在は、かねてから苦々しいものだったわけですが、日経225先物において95～100％の精度が出せるようになった現在、少なくとも自身の予知能力の信憑性だけは担保できたと考えております。

なぜ予知が可能なのかは学者たちの今後の研究に待つべきものと思われますが、どのような要因が予知の精度に関わってくるのかは本書に詳述しておりますので、読者ご自身で実感していただきたいと申しあげられます。

そして重要なのは、私が行なう数回の伝授と訓練を積めば誰もが驚異的な能力を獲得できるということです。

本書は、「超次元パワー／06年ごま書房刊」の新装版として近々刊行予定の「超次元のカルテ」）と、この後に出版を予定している「神通力への道」の中間に位するものとなります。

前著『超次元パワー』では主として病気治療の観点から生命やエネルギー療法を考察したのに対し、本書では未来予知の能力について述べ、次作では念力・透視能力について記述する考えでおります。

理論的には、前著が〝エーテル体〟（エネルギー体の第一層）の変化によってもたらされる身体的現象についての報告、本書と次作が〝アストラル体〟（エネルギー体の第二層）の変化によって獲得できる驚異的能力を解明したものと位置づけられます。

数年前まで念力・透視能力などどうしたら獲得できるのかと呻吟（しんぎん）していたものですが、本書を書き進める過程で過去の記録を見直した結果、特殊能力への道筋も概ね見えてきたものと考えております。

現代医学の批判的超克を出発点とした筆者にとって、とかく大仰な言葉や派手なパフォーマンスが先行し、挙句の果ては霊感商法などに堕（だ）してしまう精神世界の止揚はここ十数年来の悲願でしたが、本書によってようやく「脱スピリチュアル宣言」の第一弾を送り出すことができたと考えております。

証券投資やギャンブルだけでなく、見えない世界の全体像に興味をお持ちの方々におかれましては、一連の著作を併せてお読みいただければ、この上なき幸甚に存じます。

第一章　未来予知の試み

第二章「YES／NO」の実際

第三章　精度を左右する要因

第一章

未来予知の試み

絶大なる威力

ある時自身のパワーに目覚めた

〝超能力〟などというと、何かうさん臭いキワモノ的なイメージを抱くか、あるいは宗教者や霊能者の行う特殊な儀式などを連想される方が多いと思いますが、PROTOサイエンスの立場はそうした世界とは全く無縁です。

現に私自身、長く動物の診療に携わってきたごく普通の臨床医であり、仕事柄もの事を客観的・科学的に見ることを信条とする者なのです。

しかし、ある時ふとしたことがきっかけで自身のパワーに目覚め、以後、私はさまざまな末期症状にこの〝パワー〟を試してその効果を確認して参りました。また各種の専門書や文献に当たることで、この力は「超能力」と呼ぶにふさわしいものだという結論に達したのです。

PROTOサイエンス　未知のエネルギーに遭遇したサイエンティスト朝比奈省爾のもと未来予測・予知の研究を目的に2004年に設立された組織で、近年その特殊能力を獲得する法則を開発。セミナーを通じてより多くの人々に未来予測・予知の能力を伝授するための活動を行っている。

そして今ではこのパワーを人間の病気にも適用し、あらゆる医療機関から見放されたような難病患者や精神神経疾患に適用して、劇的な効果を出しております。私は病院を運営しておりますので、具体的なデータやカルテにその間の経緯が記されていますが、〝対症療法〟の限界にあってなすすべもなく手をこまねかざるを得ない症例が、見事に治癒していった事例は枚挙に暇がありません。

とくにこの力は〝腎不全〟〝脊髄損傷〟〝ガン〟〝脳血管障害〟〝自己免疫病〟など、現代医学が不得意とする分野で驚くべき変化をもたらして来たのです。

その効果の表れ方から、人や動植物には現代科学によっては未解明の〝エネルギー体〟があり、この力はそこに作用するのではないかと考えられます。

その実体やメカニズムは不明

しかしながら、分子レベルまで解明された現代薬理学の大系を取り上げるまでもなく、この力がどこに由来し、どのように作用していくかは全く不明であり、自他共に未解明であることを認めざるを得ません。

歴史上の文献をひも解いてみますと、18世紀のドイツ人医師F．A．メスメルの唱えた〝**動物磁気**〟・あるいは、オーストリアの精神分析学者W．ライヒが独自に研究した〝**オルゴン・エネルギー**〟・またわが国で言えば天才物理学者と言われた楢崎皐月（ならさきさつき）博士の主張した〝**宇宙エネルギー**〟などが私たちの力と似ていると思われますが、いずれもその実体やメカニズムは不明のままと申し上げてよろしいでしょう。

こうした混沌の中にあって、ある者は自らの力を〝気〟や〝**プラーナ**〟と称し、他のものは〝**レイキ**〟と呼び、〝重力波〟や〝**タキオン**〟などと名付けている人々もいるようです。

動物磁気
すべての動物は宇宙に存在する遠心力や引力という磁気の作用を受けているという説。

オルゴン・エネルギー
自然界に遍在・充満している一種の生命エネルギーのことです。

宇宙エネルギー
宇宙に存在する万物には普遍的で共通した力が貫かれており、我々も身の回りに無尽蔵にあるそのエネルギーによって生かされています。

超次元エネルギー

私たちの力が果たしてこれらの人々の唱えるものと同一のものなのかというご質問には、今の所「どうも違うようだ」と申し上げる他ありません。けれども私たちの基本的立場は、この力を狭い集団の中の特殊な出来事に止めず、各界の専門家や学者と共にその実体を解明していきたいというものですので、将来的には糸口が開かれるものと期待されます。

ただ、既成概念にとらわれることを避けるため、あえて著名な超能力者山岸隆氏の提唱した「超次元エネルギー」という呼び名を用いたいと思います。

ところで、この超次元エネルギーの領域は何も病気の治療に限定されるわけではなく、工夫次第でさまざまな応用が可能だと考えられますが、その道筋はこれまでの私達の経験の中で育ちつつあります。人や動植物には劇的に作用しますので、医学・薬学は勿論、食品産業や農林水産業の各分野に応用すればどれ程の成果が期待できるか見当もつきません。またその

プラーナ
サンスクリット語で「生命の躍動」「呼吸」を意味し、日本語では息づかいを意味する気息と訳されます。

レイキ
レイキとは、体・心・魂を癒すエネルギーのことで、東洋の世界観・宗教観に基づいている日本の伝統療法のひとつです。

タキオン
タキオンとは理論上超高速で動く粒子のことですが、その存在は現在確認されていない。

エネルギーの直進性とスピードを考えれば、次世代の通信手段として研究の余地に富むとも言えます。

時空を超越して作用していく

さらにフリーエネルギーとしての性質や重力への影響、気象や地質学的アプローチが可能なことなどを考えると、科学文明のあり様を根本から揺さぶることになるかもしれません。

しかし、ここで大事なことは、この力が人間関係や運命鑑定、遺失物や尋ね人の判定においても絶大な力を発揮する点であり、その威力はＴＶなどで時に報道される〝超能力者による透視〟などの比ではなく、まさに対象の本質に迫るパワーを発揮いたします。

さらに時空を超えて過去や未来へも作用する所から、私共はこの宇宙の成り立ちや地球における生命の誕生、さらに人類史などについても現代科学とは異なった視点を有するに至っております。

　では、何故そんなことが可能なのかというと、この三次元（時間も含めれば四次元）の世界以外にベースとなる「超次元のプログラム」が存在すると考えるのが妥当なのではないでしょうか。

　このプログラムは現代科学では確認できておりませんが、「超次元エネルギー」が時空を超越して作用していく所から、過去・現在・未来にわたる世界の姿がすべてここに起因しているのではないかと考えられます。

驚異的能力を身につけられる

　この世界のすべての事象の背後にあって、人々の運命を規定するのみならず、すべての成り立ちをも措定（そてい）しているプログラムがあり、「超能力」とはこの未知のプログラムに許容される能力であり、その故に人知では計り知れない結果をもたらすものと思われます。

　活性化された大脳の超能力領域が、この膨大なプログラムと接続される時、人は物理的距離を超越して現在の世界を見渡し、過去のすべての事象を再検討することも可能となり、神のみぞ知る未来を見通すイメージとなります。

さらに申しあげておかなければならないのは、こうした能力を私はすべての人々に伝授できるということであり、ごく普通の人でも、数回の伝授と簡単な訓練を重ねることで驚異的能力を身に付けられるということなのです。

悪意やギャンブルには利用できない？

診療にも影響が出るほど

前節で、この力が人間関係や運命鑑定、遺失物や尋ね人の判定においても絶大な威力を発揮すると申しあげましたが、実は病気治療と同時に私どもが始めたのが運命鑑定でした。

週刊誌に広告を出し、全国からさまざまなご相談が寄せられ、一時は病院の診療にも影響が出るほどの繁盛ぶりでした。

占いや鑑定などというと実に多くの業者がさまざまな方法で行っているにもかかわらず、その多くが当たるも八卦当たらぬも八卦という程度であるのに対し、私どもの予測やアドバイスがかなり正確だったことが評判を呼んだのだと思われます。

大体においてこうした分野は、病気にしろ、運気の低下にしろ、その原因を霊的要因にしておけばよくなったり悪くなったりを繰り返すわけですから、いつまでも商売が可能になるインチキな分野と申しあげられます。

例えば、○○易断などのチラシでは、最初は数千円から始まり、別室に呼ばれると何らかの理由を付けて数万円、さらに自宅まで出張で霊を払うなどになると数十万・数百万円まで跳ね上がっていくというのが常道のようです。

いわゆる**霊感商法**なのですが、**マインドコントロール**から眼がさめるまで被害者はお金を取られ続ける形になるのは、多くの新興宗教や**カルト団体**に共通しています。

誤解や似非（えせ）科学（かがく）の産物が多すぎる

しかし、私どもの関心は「時空を超えた認識は何故可能なのか」という点でしたし、霊的要因などすぐに粉砕できる能力が備わっておりましたの

霊感商法
先祖の悪縁や祟り、悪い霊がついているなど相談者の弱みに付け入り、法外な値段で商品を売ったり、祈祷料、除霊料、供養料などとして高額な金銭などを要求する悪徳商法の一種。

マインドコントロール
心理学的な手法を使って、相手の気持ちの隙間に入り込み、価値観そのものを変えることで人の心を自由自在に操ることができる状態にすることです。

で、幽霊などは関心の外、宇宙人やＵＦＯなどというスピリチャルな分野にもほとんど興味を覚えませんでした。

世の中にはこうしたことに本気で取り組んでいる人が結構多く、〝アトランティス・ムー・**レムリア大陸**〟だとか、〝チベットのラサにあるシャンバラや地底世界の存在〟、さらに〝プレアデス星団〟だとか〝チャネリング〟など、本当にキリがない。

でも、私どもの方法でいろいろ視てみた結果は、それらのほとんどが実在するものではなく、誤解や似非科学の産物と出ていましたし、大体そんなことに時間と労力をかけて一体いくら儲かるのかと軽蔑していたわけです。

ビジネスとしての超能力利用が最も合理的

こうした人々に共通するのは、勉強が嫌いなことと仕事が出来ないことであり、結果を出すことよりそれに耽(ふけ)りたいという非生産的な点ではない

カルト団体
もともとは儀礼・祭祀などの意味をもつ宗教用語でしたが、今はカリスマ的指導者への熱烈な崇拝や反社会的で危険な活動を行う集団のことです。

似非科学(えせかがく)
似非科学は科学的方法に基づいていると見せかけたり、似てはいるが本物ではない誤った科学のことを言います。

レムリア大陸
はるか古代にインド洋から太平洋にまたがる巨大なレムリア大陸が存在したとされている。アトランティス大陸・ムー大陸とともにレムリア大陸は伝説の３大陸といわれている。

でしょうか。

いまでもＤＭや広告を出すとこうした類の人々が結構集まって来ますが、ビジネス目線でみると決して上客ではなく、中の下かそれより下というふうに私どもは位置づけております。

で、逆にこうした方々の多くも私どもに対する批判をするのですが、その1つの大きな要素は、〝お金に執着し過ぎる〟というものでしょう。

病気治療などは無料でやるべきだし、もちろん悩みの相談なども金を取るのはけしからんというのがその言い分です。大体天与のパワーを商売に使うべきではないというのですが、その根底にあるのは自らのパワーのレベルが低いため、病気なら〝心の癒し〟程度、悩みならいつまでたっても埒の明かない〝カウンセリング〟程度を想定しているからでしょうか。

しかし、現在の資本主義社会では具体的に有用なものは市場が評価してくれるわけで、宗教やカルトにならぬ道を行く場合、ビジネスとしての超能力利用が最も合理的で現実的な形となるのではないかと思われます。

この力はさまざまな可能性に富んでおりますので、ビジネスの各分野で消費者に売れる形を創造していくことが最も実際に沿うのではないかと考えられるのです。

あの当時そうした発想から、農畜産業・外食・美容コスメ・医療医薬など各業種へＤＭを出したのですがアクセス率はなかなか上がらず、結局残ったのは各種療法（代替医療）と占い・鑑定といった分野くらいで、欧米と比べるとかなり**唯物的**なこの国では、私どもの主張が受け入れられる可能性は低いものと考えざるをえませんでした。

未来予知の試みは新たな段階に進んだ

ではどうするか、ということで思いついたのがギャンブルだったのです。この力で過去・現在・未来のすべてがわかるなら、株価やギャンブルの予測も可能なはずで、明日のあるいは何週間か何ヶ月先の株価などが分かれば、これで大きく儲けることができると思ったわけです。

ちょうど近所の鍼灸の先生が株をやっていましたので、２ヶ月ほど株価

唯物的
　唯物的とは精神よりも物質を物事の中心にすえて考えるさまですべての根源を物質と考え、精神の実在を否定する打算的なこと。

の上下を予測してみたことがありました。

週末鍼灸に行った際に銘柄を10個ほど出してもらい、超能力で得た結果と翌週の実際の株価の比較検討をしたのですが、残念ながら結果は全て外れ…。

この力は株には向かないとの結論を出さざるをえませんでした。しかしこれに懲りることなく、次はロトくじの予想を3ヶ月ほどやってみました。けれども結果はやはり惨たんたるもの、残ったのはハズレくじの紙吹雪だけだったのです。

これらの分野は何らかの理由で超能力の対象にはならない、なぜか理由は不明でしたが、その当時は煩悩の塊である人間というものに、あらかじめ設定された何らかの条件が課せられていると考えざるをえませんでした。

まぁ、倫理的に考えると、額に汗水たらして労働した対価として得られるお金と比べると、超能力で未来を垣間見て簡単に手に入る膨大な金額は、ある意味人間を堕落させることになるのかもしれないというのが普通でしょう。

　ですので、私どももその当時は、この力は株やギャンブルには使わないようにとお話ししていたものです。しかし、その後数年を経て、未来予知の試みは新たな段階に進んでいったのです。

石油探査の資金

石油探査ビジネス

06年に最初の超能力の本を出版し、その後各種療法（代替医療）と占い・鑑定といった分野の顧客を集めてセミナービジネスを開始した私たちですが、業界の規模＝ＤＭの数が1万件前後と小さかったため、このビジネスモデルはその後３〜４年で限界を迎えてしまいます。

ある程度新規の顧客を開拓しなければ売上が上がらぬため、同一のリストに様々なＤＭを打ってみたのですが、次第に尻すぼみになっていくことが避けられなかったのです。

この状態から抜け出すため、１つは中国人を対象に新たなセミナービジネスを開始することが検討されましたが、様々な準備に2・3年はかかると予想されましたので、もう1つ別な可能性を探ることが必要となりました。そこで出てきたのが石油探査ビジネスであり、日本人に馴染みのないということは競合のない分野ということで、一般から合法的に出資を募る手段でした。

一般的に考えると、石油を探すなどということが技術的に可能なのか、また可能だとしても膨大な資金がかかるのではないかと思われるでしょうが、私自身の中では**「YES／NO」と言う手法**を開発した時から、これを用いる究極のビジネスは石油・金・ダイヤモンドの探査であると最初から考えておりました。

戦後の日本は軍事はもとより、資源エネルギー分野も完全にアメリカに抑えられたところから、石油ビジネスは上流・中流・下流 まで全て欧米資本に依存する形となり、国内の企業はただ単に精製と物流を担っているにしか過ぎません。

石油ショック以降はそれでも官製の石油会社2社が体裁だけのビジネスをしていますが、日量500万バレル、金額にして275億円（1バレル

YES／NOという手法
YES／NOの手法とは過去・現在・未来を通じたすべての出来事を見通し認識する能力でありパワーと言えます。あらゆる分野で究極の答えが分かる力と定義され、自らの問題意識に即した質問ができその答えが出るというとても人間的で主体的なパワーです。

石油ショック
1973年に第四次中東戦争が勃発し、OPEC（石油輸出国機構）が原油価格を一挙に引き上げことをきっかけに世界経済が大混乱し、日本でも石油危機に陥り便乗値上げなどで国民の生活がパニック状態になった。

50ドルとして）、年間では10兆円以上もの巨大産業であるのに、ほとんどの国民はこのことを理解していないのが実情です。

行き先は必然的にオーストラリア

石油探査に関する本や資料などもなかなか無く、1冊だけ見つけた本『上流部門から見た「石油の過去・現在・未来」』（菊池良樹 著）を読んでみたところ、これが私たちの興味を掻き立てる内容であったのです。

というのも、一般に油田と言うと中近東やアラビアを連想してしまいますが、著者によれば、太古の**ゴンドワナ大陸**周辺が石油の産地であり、この豊饒の海は現在のカスピ海・アラル海・黒海・地中海周辺と、インドネシアからオーストラリア北西部に広がっていたということだったからです。

以前から別の理由で、もし私たちが海外へ移住するとすれば、ロシアかオーストラリアになるだろうと検討していた場所でもあり、それとの一致

ゴンドワナ大陸
約3億年前のジュラ紀といわれる中生代前期から約1億年前の白亜紀後期にかけて南半球に広がっていたと考えられる大陸のことで、その後分裂移動を繰り返しアフリカ・南アメリカ・インド・オーストラリア・南極などになっていったとされています。

も偶然とは考えられず、地政学的な問題を考慮すると、必然的にオーストラリアになると考えられました。

しかし、問題はオーストラリアなどから本当に石油が出るのかということです。そこで私たちは内輪であれこれ議論しているより、石油の専門家を見つけるのが先決だと気付いたのでした。

荒唐無稽ともいえる計画

でも、〝油田探査〟や〝石油掘削〟というのは日本では非常にマイナーな分野と位置付けられるようで、難渋した結果ようやく石油コンサルタントO氏にたどり着きました。そして初日のこと、私たちの荒唐無稽ともいえる計画を切り出したところ、しばらく沈思黙考した後、氏は一言「やりましょう」と答えてくれたのでした。

そこで最初に肝腎の点、オーストラリアなどで石油は出るのかと訊ねたところ、「出ています」という答えと、「実は自分もオーストラリアのパースに2年位駐在していたことがある」という話だったのです。残る問題は、石油探査などと言うプロジェクトに、私たちのような弱小な資本で参入できるのかという問題です。

油まみれの男たちの見果てぬ夢

しかしO氏によれば、メジャーのような巨大資本でも石油探査はほとんどが弱小業者への外注であり、こうした業界は普通のビジネスとは違った世界であり、現地におけるさまざまな駆け引きはもちろん、雲をつかむような噂話があるかと思えば、一足違いで巨額の利益が目の前から転げ落ちるようなこともある、きわめて浮き沈みの激しい業界で、お宝を掘り当てれば片や億万長者、もう一方は負債の山を背負うだけという山師の世界で、騙し騙されることなど日常茶飯、欲望に油まみれの男たちが見果てぬ夢を追いかける光景が展開されるとのこと。

こうした山師の業界に入るのは現地で慣れてからのことにするとして、

とりあえずはＡＳＸに上場している現地の弱小資本の株、それも新たなプロジェクトを直近に抱えているようなケースを（予め超能力で視ておいて）狙うのが最もローリスクであるとの結論になりました。ＡＳＸの１株当たりの価格は未だ結構低く、日本円を動かせる余地はかなり大きいものと考えられたからです。

そこで、先ず億単位の金額を作ろうということではじめたのが、当サイエンス会員からの出資の募集。法に触れないように「金銭消費貸借」という形で一定の資金を集め、これを株式市場で運用しようということになったのです。

前節で〝株はこのパワーにはなじまない〟というお話をしたばかりですが、それはもう7～8年前のこと、改めて「ＹＥＳ／ＮＯ」で視てみた結果、〝株もこの計画に有効である〟と出たのが２０１０年の終わり頃でした。

ＡＳＸ
ＡＳＸとはオーストラリア証券取引所の名称でシドニーに拠点を置く総合取引所の一つで、取引における すべてが電子化されている事で有名です。

現物株と先物

人生初めての経験

さて、こんな風に書いてくると読者は、さぞ私たちが株や先物に詳しいのだろうと思われるかもしれませんが、実は私自身はそれまで一切株などやったことがなかったのです。それどころか、以前鍼灸の先生の株予測で全敗したほどのまったくの素人でした。

２０１１年の震災前は東京・大阪・名古屋などで「超能力石油探査プロジェクト発信」の説明会を繰り返し、前節で書いたように会員からの資金集めを大々的に行いました。

その結果集まった資金は2千万円近く、プロジェクトがうまくいかなくても年利５％の利息をつけることと、オーストラリアでのプロジェクトが成功した場合は10倍以上のハイリターンになるというところがミソだったのでした。

さあこうなると、集めた資金を間違いなく運用しなくてはなりません。そこで、「YES／NO」の手法で有効であると出た株取引の勉強を初歩からはじめ、同時に証券取引の専門家をコンサルタントとして依頼し、様々な情報も集め始めたのです。そしてようやく最初の現物株の取引を行ったのがその年の6月頃、**口座開設**からインターネット取引の手続きまで人生初めての経験でした。

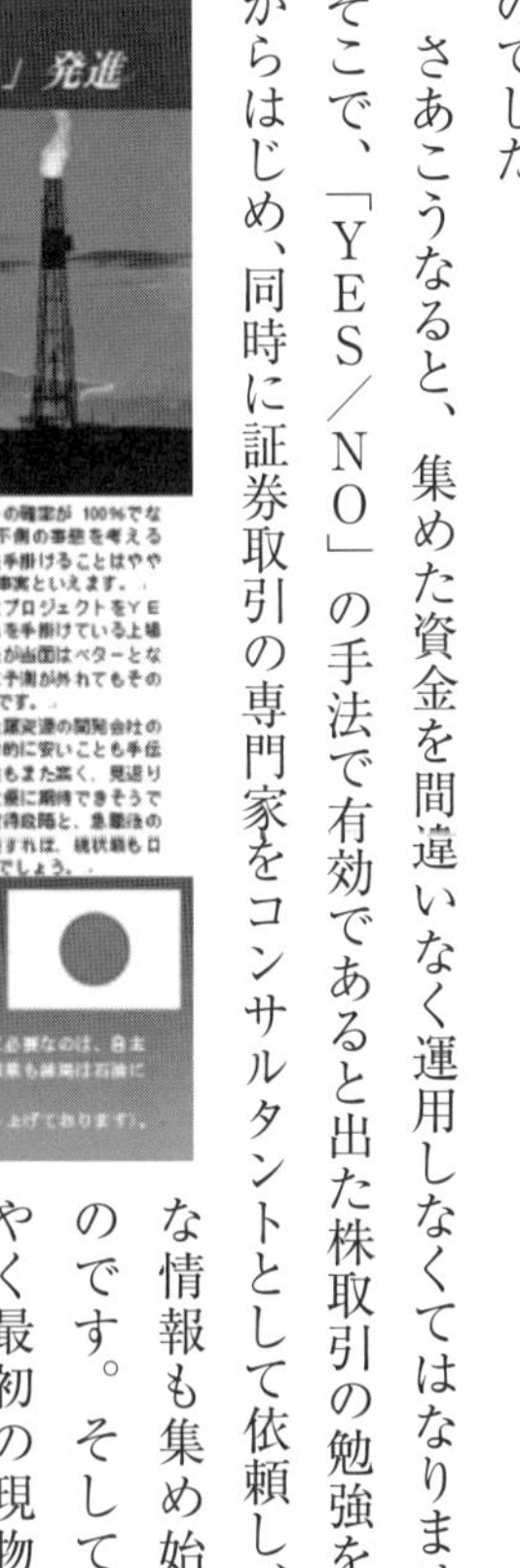

超能力「石油探査プロジェクト」発進

朝比奈会長が、いよいよ超能力による石油探査に乗り出します。昨年から石油・金融のコンサルタント等と綿密な調査を重ねてきたところ、非常に大きな可能性が出てきましたので、ご報告させていただきます。

一つは、現地に子会社を興して「掘るプロジェクト」に直接参加する方法があります。この場合、更地を最初から手がけるのではなく、すでに進行しているプロジェクト―それが当たるか否かは予めＹＥＳ／ＮＯで確認済み―に、途中から参加するのがベストです。それも、なかなか出なくて売りに出されたタイミングを選べば、通常よりはるかに安く権益が手に入り、こうしてファームアウトされる鉱区にファームインすると、投資金額は１０倍～１００倍以上になります。

しかし、ＹＥＳ／ＮＯの確率が100％でないことと現地における不測の事態を考えると、最初から自ら鉱区を手掛けることはややリスクが高いこともまた事実といえます。

そこで、当たりそうなプロジェクトをＹＥＳ／ＮＯで見極め、それを手掛けている上場会社の株に投資する方法が当面はベターとなります。なぜなら、仮に予測が外れてもその株はほぼ無傷で残るからです。

豪州の石油・ガスや金属資源の開発会社の株価が日本と比べて相対的に安いことも手伝って、この手法の可能性もまた高く、見返りは2・3倍～5倍くらいは優に期待できそうです。市場における株の取得段階と、急騰後の売りのタイミングを調整すれば、現状最もローリスクな方法といえるでしょう。

口座開設
株式投資を行う前に証券会社に専用の口座を作ることを言います。ネット専業の証券会社から店舗型証券会社まで多くの証券会社がありますが、証券会社によって手数料やサービスが違いますので、自分の投資方法に合った証券会社を比較して選ぶことが重要です。

最初の月で700万円以上の利益

もちろん会員に対するセミナーでは、人生初めての経験などとは言えません。計画が順調に推移していることを強調しておりました。で、その成績ですが、週単位の**スイングトレード**を行ない、お盆前までになんと14勝1分けと非常に良い結果でした。

しかし、現物株では資金量が莫大にかかるわりには利益が少なく、信用取引なども試したのですが、いろいろ考えた結果、9月からは「**日経225先物**」取引に切り替えていったのです。

証券口座もその頃にはもっと機動的な会社に切り替え、最初の申告事項に関しても経験年数を水増しして開設したことは言うまでもありません。

当時の保証金は現在よりもはるかに安く、また日経平均自体も8000円前後の状態でしたので、「YES／NO」が間違うこともありましたが、まぁ待っていれば値が戻る様な牧歌的な時代だったこともあり、最初の月

スイングトレード
スイングトレードとは、短期間（2日から1週間くらい）株を保有し、その間に株価チャートや企業のニュースなどを参考にして売買することで利益を上げようという短期投資の方法です。

日経225先物
日経225とは、日経平均株価を構成する225銘柄のことで、先物とはあらかじめ定められた期日にあらかじめ決められた価格で売買するという取引契約のこで先物取引は投機性の高いデリバティブ取引です。

で700万円以上の利益が出ました。

これに気を良くして続けて行ったのですが、初めてにしては非常に良い形で年末を迎えることができました。

傲慢になった時に人は失敗する

最初は恐る々々やっていたのがもうその頃には自信満々、株のコンサルタントなども必要ないと冬前に断り、ひとり黙々とトレードを続ける毎日でした。「この調子だと来年春には億単位の資金ができるな」と思いながら、**ラージ**で最低10枚、多い時は30枚ほどの取引をしていたのです。

田舎に帰ったときなど、女房子供には来年からのビッグな夢を話して聞かせ、また前節で登場した鍼灸の先生などには、「エッ、そんなに膨大な枚数やってるの」と驚かれるのも何か鼻高々の感じでした。

でもビギナーズラックはこの頃まで、翌年1月末には膨大な損失が発生する寸前まで追い詰められ、株や先物取引を停止する事態に至ったのです。

ラージ
ラージとは、日経225先物取引の単位のことで、証券会社に預ける証拠金70万円〜80万円の1000倍の取引が可能で、機関投資家向けの商取引です。また証拠金が10分の1の7万円〜8万円でできる一般投資家向けのミニという取引の単位もあります。

今思えば、それが却って良かったのかもしれませんが、傲慢になった時に人は失敗するのであり、この力と密接に関係する天界もしくは天界の存在というものが、私たちを見ているのだと考えられます。

私たちは天界の許諾のもとにこの力を操っているだけなのであり、その許諾を得るには一定の条件があるということをこの後私は教えられていく形となったのでした。

関東大地震の予測と外れ

虫の知らせ

　本章の表題は「未来予知の法則」となっておりますが、人には誰でもこのような能力が潜在的にあることは数々の事例で判明しているようです。こうした能力が発揮されるのは、近親者の死が間近に迫ったときや災害・危険などに際したときが多く、御巣鷹山に墜落した**JAL123便事件**の時が有名です。

　なんでも事前に何らかのサイン──これを虫の知らせというのでしょうか──があって、予約していたが何となく飛行機ではなく新幹線で帰ろうとキャンセルした人が数人おり、おかげで命拾いをしたというコメントが週刊誌などに取り上げられていたことをご記憶の方も多いのではないでしょ

JAL123便事件　日本航空123便墜落事故は、1985年（昭和60年）8月12日月曜日18時56分に、羽田発大阪伊丹行き便ボーイング747SR-100（ジャンボジェット）が、群馬県多野郡上野村の高天原山の御巣鷹の尾根に墜落した航空事故です。

うか。

また予知夢については、リンカーンが死の2週間ほど前に自分が棺の中にいる夢を見たことや、世界各地の大地震や大災害の前にそうした予兆をキャッチしたという話も数多くありますが、そのすべてが科学的に検証されたわけではないので、そのまま真に受けることはできないという方も多いのではないかと思われます。

また、こうした能力は動物などでも観察されており、沈没する船から逃げるネズミの話や大地震の前に避難を開始する野生動物などの話もテレビや雑誌などが好んで取り上げる話題です。ただ、動物の場合は人間が感じない何らかの電磁波・超音波などをキャッチしている可能性があり、予知とは区別しなければならない要素もあるのではないでしょうか。

当時は東日本大震災の直後であり、メディアはもとより国民全体が「次はどこにくるか」という話題でもちきりでした。地震学者も気象庁も、「千年に一度の出来事だからこれだけで済むはずはない」ということを、毎日々々あらゆるメディアで発表していたことが思い出されます。

天変地異の予知

〝日本列島は未曾有の地殻変動の時代に入った〟とか、〝世界中の巨大地震を振り返ると今後5年以内に大噴火が起きることは間違いない〟とか、人々がこれらの情報に敏感に反応するので、週刊誌などは、ここぞとばかりにこうした記事を載せていたようです。

そんな中で有名になった人に例の松原照子氏がおりますが、彼女の予言は2015年の年末までには、「Web魚拓」というシステムを使って震災後に書かれたトリックであったことが判明してしまいました。

しかし、私たちの力をもってすれば、株価の予測すら可能なのですから、天変地異の予知などはさして難しいものでないことは十分考えられます。またそれが可能であるなら、そうした予知をベースに様々なビジネスが展開していくものと私たちは考えておりました。

Web魚拓
ウェブ魚拓とは、ウェブページを引用するためのツールでインターネット上のウェブサイトの内容を保存することができる無料のサービスです。このサービスを利用することでサイトの内容が削除されても、そこに掲載されていた内容を閲覧することが可能になります。

膨大な利益が手中に入る

万が一にも**関東大地震**が起これば、政府の試算では200兆円以上の被害が予想され、東日本大震災どころではない膨大な影響が考えられます。当時「日経225先物」をやり始めたばかりの私どもにとっては、東日本ですら一時2000円近く急落したわけですから、関東の場合はそんなもんじゃない。3千・5千あるいは1万円近い急落と急騰があるかもしれないと思われました。

そのため、関東大地震を正確に予知できれば1日で膨大な利益が手中に入ると考えたのです。

そこで何度も何度も「YES/NO」を繰り返した結果、2012年の1月末をその時期であろうと予測しました。さすがに事前の予告を印刷物で行うことはありませんでしたが、身近な人達にはその旨を伝えましたので、住居や事務所を引っ越した人なども中にはいましたし、セミナー出席者などには予め電話をして、1月のセミナーは中止する旨も伝えました。

関東大地震
関東にはM7クラスの大地震が今後30年内に発生する確率が70%であると予測されています。

　さあ、これで義理は果たしたということで、後は売りをかけるだけ、手持ち資金の大半を使ってラージ数十枚分を1月の末に売ったわけです。後は温泉にでも浸かりながら高みの見物と思いきや、どうも値が下がらないどころかどんどん上がっていく。

「いやこんなはずはない」と思いながらも、週末には500円近い逆ザヤが発生。でも、その週の土曜日には、朝から列島各地でマグニチュード5～6の地震が頻発、富士周辺でも震度5程度の地震がきましたので、いよいよだなと考えていたのです。

　しかし週明けも逆ザヤはおさまらず、追証を支払いながらも「あと2～3日待とう」と考えていたのでした。

通算で2千数百万の損失

　けれども週半ばになっても異変は起こらず逆ザヤは拡大するばかり、一時は愛着ある田舎の土地建物までも失うのではないかという悪い予感にまで襲われました。

「この程度のプレッシャーに耐えられなければ、数十億数百億のビジネスなどできないぞ」という気持ちで頑張っていたのですが、結果的に「いや自分には穏やかな暮らしが出来ればいい」という思いが勝ち、天界にその旨本気で頼んだのです。それが木曜の午後、翌金曜日の朝には値が元に戻りここで買い戻しをして取引終了。

通算で2千数百万の損失となりましたが、自己資金の範囲内で会員からの借入を返すことも可能な範囲に留まり、この事件は終了しました。

神通力の体験

その事件は起こった

前節では、関東大地震の予測が見事に外れたことを書きましたが、私たちの試みはそれでも最低限の損害で幕を引くことができた。

結局それは天界への祈りが功を奏したわけですが、では今後はどうしたらいいのか再度天界に確認する必要がありました。

そうして行なった「ＹＥＳ／ＮＯ」の結果は、「石油・金融・中国から撤退せよ、念力に専念すべし」というものでした。

非常に厳しい答えに私たちは戸惑いましたが、もしそれに背いたら「凶事に見舞われる」とすれば従うよりほかありません。その月はこれまでの疲れもあり、また新たな方向性に戸惑ったこともあり、１ヶ月以上仕事など手につきませんでした。

B級グルメを探訪したり、近くの観光地へ出かけたりしても心が晴れないまま季節は春に変わっていました。実は前年の秋から、超能力修行の一環として滝行を始めていたのですが、冬の間は休みとし3月から再開することになっていました。

忘れもしないその年3月10日、**滝行**のため宿泊するホテルに向かう車中で春めいた北関東の風景を見ながら私たちは、「あぁ、これで何も東京にいる必要はなくなったなぁ。八重洲の事務所を引き払ってどこか地方都市にでも移り、月1回東京に出てくる形にするかなぁ」などと話し合っていたのです。

そして翌日早朝からの滝行を終え、家に戻ってきた時にその事件は起こったのでした。

「YES／NO」の詳しい手法については次章でお話ししますが、私たちはほとんど毎日のように答えを書いたメモ用紙を茶封筒に裏返しに入れ、

滝行　密教や修験道・神道で精神統一の為の修行の一環として行われる行です。

そこにパワーを入れてからどちらが高く上がっているかを手でキャッチして答えを決めていたのです。

帰ってきた翌日も同様にやっていたところ、私の目に茶封筒の中のメモ用紙の文字がクッキリと浮かび上がって見えるではありませんか。私の留守中に茶封筒を別の種類にしたのかと思って訊ねたのですが、そんなことはないとのこと。

で、気のせいかと思いもう一度見るとやはり文字がクッキリ。結局「あー、自分に透視能力が付いたんだ」ということが分かったのです。「そういえば昨日の滝では見たこともないような**真っ青な球体**（次ページ写真）が出現していたなー」（写真上の部分）と思い、あのエネルギーが影響したのだと感じられました。

2月に私たちは天界から「念力に専心せよ」との指示を受けたのですが、それまでの私は神通力というものを〝手を触れないで物を破壊したり移動したりする〟いわゆる**サイコキネシス**に限定して考えておりました。しかしこの時〝透視〟という世界があることを天から教えられたのです。

真っ青な球体
滝行やパワーのインストール時に大きな球体として現れることがあります。46ページの写真に写っています。これはまさに天界の存在が球体となって出現したものです。

サイコキネシス
サイコキネシスとは超能力の一種で、念力とも言います。手を触れることなく意志の力だけで物を自由に動かしたり破壊したりする能力のこと。

滝行に現れた球体

滝行に現れたエネルギーの剣

具体的な啓示

その後4～5日間は箱の中の物体も見えましたし、不謹慎ですが女性の下半身などを見ると下着の色など透けて見えたものです。

この能力そのものは1週間とは続きませんでしたが、4月にかけて〝念力〟についても「ワイングラスを切れ」という具体的な啓示があったのです。今でこそ念力というのは〝エネルギーの剣でワイングラスを切る〟ことを目標に訓練しておりますが、滝行ではついに**エネルギーの剣**（46ページ下）を賜り、今では書道用の薄い半紙に念を込めて振り下ろすだけでワイングラスを割れるようになりました。

「天界のライセンス」

〝天界〟についてはは前節でいきなり言及しておりますが、読者の皆さんに

エネルギーの剣
天界からの指示により修行を続ける中で賜った能力。46ページの写真に映像となって現れました。

天界のライセンス
問題の解決や運気のアップ・人間関係の改善、病気の回復などに大きな力を発揮する能力を獲得するためには、天界に許容されることが必要であり、天界に許容されるには、何らかのライセンスが必要なのです。もちろん天界のライセンス取得のためには一定の訓練が必要です。

はここで少し詳しく申し上げねばなりません。

超次元世界には、「この世界のすべての事象の背後にあって、人々の運命を規定するのみならず、すべての成り立ちをも措定している未知のプログラムがある。

『超能力』とはこの未知のプログラムに許容される能力であり、それ故に人知では測り知れない結果をもたらす」と述べましたが、実はその後のアプローチの結果、超次元界のはるか上に「天界」というものの存在を考えた方が良いという結論に変わってきたのです。

人がこの天界と結ばれる時、人間的努力では到達しえない至高の能力が発揮されるということが分かってきました。未来予知についても天界の加護があれば圧倒的に認識の幅が広がることが分かっており、ＹＥＳ／ＮＯを正確に行うには第三章でも申し上げるように「天界のライセンス」というものが必要なようです。

添加物との戦い

食品添加物を避けることが重要

　こうして念力・透視の訓練が本格的に開始されましたが、まず最初に問題になるのは食生活の件でした。かつて〝空中浮揚〟を行ったとされる昭和初期の宗教家で**天津教**の教主竹内巨麿（たけうちきよまろ）が、「食生活が悪いと超能力は発揮できない」と述べていたのをある本で読みましたが、結局それは添加物まみれの食品や我が国伝統の食生活から離れた欧米型の食生活では駄目なのだということを示唆しているような気がします。

　そこで私も玄米菜食とまでは行きませんが、その年は半年間の菜食中心の生活を行った結果、体重も10kg近く減っていきました。

　それにつれて透視成績や念力の成功率が高まって行ったので、摂取カロ

天津教（あまつきょう）　太古以来の祭祀を復活させようと竹内巨麿を開祖として明示末期に成立した古神道系教団。

リーを減らすこと及び加工食品に含まれる食品添加物を避けることが重要だということが分かってきました。

透視能力の低下に見舞われる

また、食養家の先生に指導を受け雑穀などを食べ始めたのもこの頃からでしたが、食べ始めてからすぐひどい口内炎に悩まされたので問い合わせたところ、「毒が出ているのよ、しばらくするとおさまるから」と言われ、確かにその後2ヶ月半ほどで症状がおさまり、体のあちこちにあった吹き出物やシミまでもがきれいになくなっていきました。

こうした体験から考えられることは、私たち現代人を取りまく食生活は添加物まみれであり、それが食品だけではなく医薬部外品などにも大量に含まれていることを知りました。

当時私もそれほど厳密には実行していませんでしたので、外食や加工食品を食べた後は必ずといっていいほど念力・透視能力の低下に見舞われたことから、「今の人達は食生活が悪いので超能力は発揮できない」という事実を身をもって認識せざるを得ませんでした。

とにかく、我が国の添加物・防腐剤等の規制の甘さは世界に恥ずべき状態であり、その結果コンビニ弁当やスーパーのお惣菜はもちろん、諸外国では禁止されているような毒物が加工食品全般にかなり使われているのが現状です。

詳しくは、**株式会社金曜日**という出版社から出されている単行本『新買ってはいけない』をご購読いただきたいと思います。

この本に書かれた身近な例を挙げてみるだけでも、水と油など混ざりにくい液体を混ぜ合わせるために加えられる〈乳化剤〉、カロリーオフやノンシュガーを謳う商品に添加されている〈人工甘味料〉。さらに即席めんやスポーツ飲料なども問題ですが、より深刻なのはハム・ソーセージ・ベーコンの類で、〈発色剤〉として使われている亜硝酸Ｎａの強い発ガン性が問題だというのです。

株式会社金曜日　広告主にこびず市民の立場からのジャーナリズムを重視して権力に対して物申す硬派な出版社として名高い。反戦・人権・環境問題など市民運動・市民活動の支援、体制批判を扱っている。

超能力者には非常に厳しい世相

実際、あらゆる添加物は一定の基準以下なら身体に悪影響を及ぼすものはなく安全とされていますが、しかし、長期間にわたって少しずつ体内にとり入れられた場合のデータはないに等しいと言ってもよく、胎児の奇形や異状が発生しても闇から闇へと葬られ、最近では食品に含まれる化学物質のために死体さえ腐らないとの話まで出ています。

さらに強調せねばならないのは、歯磨き・石鹸・シャンプー・化粧品等に含まれる**有害化学物質**です。合成界面活性剤・洗浄剤・発泡剤（ラウリル硫酸ナトリウム等）、合成保湿剤（プロピレングリコール等）、合成保存料（エデト酸塩ＥＤＴＡ等）のほか、タール色素（赤色・青色・黄色○号等）などがそれで、これら表示指定成分は粘膜や皮膚から吸収されて体内に蓄積され、皮膚炎・アレルギー・婦人病・ガンなどを引き起こす恐れが高いとされています。

こうした状態を見回すと買ってはいけないものばかりが出回っており、

有害化学物質
製品の原料や生産過程で使用される化学物質が、焼却などで有害化学物質として発生したものを言います。有害化学物質は適切に管理しないと大気、水、土壌などに拡散し、人の健康または動植物の生息・生育に被害を生じさせる恐れがあります。

超能力者には非常に厳しい世相と申し上げられます。

そして、食欲との戦いはなかなか厳しく、ついつい美味しいものに目がいってしまうのが人間であり、私自身も添加物との戦いを制するまでにはその後数年の歳月を要したのでした。

日経225先物の許可

肉体的にも精神的にも貴重な糧

前節でお話ししたような食事制限を続けた結果、2013年〜14年ぐらいには念力・透視能力が大分高まり、薄い半紙でワイングラスを割ったり茶封筒の中の裏返したメモ用紙の文字を読み取ったりが完全ではないもののできるようになってきました。

当時は、毎日毎日呼吸法の仕上がり具合―これには初歩的なものと高度なものとがある―や食事内容をメモし、さらに有効と思われるエクササイズをやったかどうかなども記入しながら透視成績や念力の成功率を見計らうことが数年続きました。

また、滝行などにも精を出し、パワーのありそうな滝を「YES/NO」

で見つけて、多い時は月数回ほど行っていましたし、時には瞑想やヨガなども行っておりました。

60才を過ぎてから山登りをしたり滝に行ったり、パワースポットのある秘境を訪ねたりするのはなかなか厳しい日々でしたが、振り返るとこうした訓練を重ねたことが肉体的にも精神的にも貴重な糧となったのでしょう。現在70才を目前にしている私ですが、通常人よりはるかに健康で、痛いとか痒いとかに悩まされないのもこの頃の経験の賜物だったのではと考えております。

こうしてみてくると、念力や透視能力というものは、全く何の努力もしないで身につく類のものではなく、食事制限や呼吸法さらに各種の修行をしなければ開発できないことがお分かりだと思います。

参加者が徐々に減っていく

以前の**超能力セミナー**では「〝超能力〟は人から人へ簡単に伝えること

超能力セミナー
超能力獲得のためのセミナーのことです。大脳の超能力を司る部分が活性化し、眼前に広がる三次元（四次元）の世界の元となる〝至高の情報系〟と大脳が接続され、とてつもなく大きな体験を共有できることになります。

のできる能力であり、その獲得のためには長期間の修業や肉体的・精神的苦行などは必要ない」としたため多くの人々が参加してくれたのですが、「念力・透視」の能力を得るためには食事制限や呼吸法さらに各種の修行が必要となってくるとやはり二の足を踏んでしまうのが正直なところ。

それに、以前のセミナーでは現代医学で対処できないような病気がどんどん治っていくというメリットがあったわけですが、今回の伝授で念力・透視能力が開発されたとしても、それによる直接のご利益など何もないわけですから、セミナーへの参加者が徐々に減っていくのも無理もないことだったのでした。

こうした事態に対処するため、さまざまな新分野へのＤＭを試みたことが思い出されます。

ペット業界向けに〝アニマルセラピー研究所〟、美容業界には〝はつらつエイジ研究所〟、一般的にお金や運気を高めたい人向けには〝日本橋サクセスフォーラム〟などを立ち上げてみましたが、どれもさほどのアクセス率が取れないまま打ち切りとなりました。

それならば、ということで今度はタウンページを開き、有望そうな業種にテストＤＭを送ってみることにしました。

売上高は大巾に減少

中高年女性の経営する中小業種をターゲットにしたらよかろうということで、化粧品店・理髪店・ブティック・和菓子店などさまざまな業態に出してみましたが、いずれもアクセス率は思ったほどではない。

で、次に、斜陽な業種なら反応が上がるのではということで、これもいろいろな業種に送ってみましたが、アクセス率を数える前にあるＧＳからは、「こんなもの二度と送るな」というクレームが。

どうやら焦っていたのはこちらで、そうした時の「ＹＥＳ／ＮＯ」がいかに不正確かという証明のようになってしまう始末でした。

そこで既存の会員向けの新たな講座もいろいろ提案してみましたが、そこそこ受講者が集まるものの、爆発的なヒットとはならないまま終わってしまったのです。

その結果当サイエンスの売上高は大巾に減少し、14年の年末には最盛期の1／3ほどまで落ち込み、財務的な打開策として月々100万以上かかる東京八重洲の事務所を解約したとしても、苦しい状態は半年以上続くものと予想されました。

そこでこの年の暮れ、今後の収入源をどうするかと考え、セミナー・通販とその他〝日経225先物〟を加えて「YES／NO」で視てみたところ2対0対0で「日経225先物」という結果が出たのです。

2012年2月に天界から禁止されたトレードでしたが、期せずして3年ぶりに許可が出たのかと私たちは大変ビックリしました。

この時は、〝今後取り組むべきこと〟についても〝神通力・日経225・その他〟の三者も視てみたのですがの結果は3対1対4ということに。

さらにこれらを、〝やってはならないことは？〟という別の角度から視てみたところ、全てOKだったことも天界の許諾が出たことを物語っていました。

これで来年からは何とかなるという見通しも立ち、久しぶりにのんびりとした年末年始を過ごそうと考えた私たちでしたが、実は真ん中の質問で4と出た〝その他〟の意味に気付くのは年明け以降のことだったのです。

新たな撹乱要因

メモを見ながら検討する毎日

2015年は、正月明けから早速「日経225先物」の取引が始まり、私たちは気力・体力とも充実した状態でトレードに臨みました。

頭の中にあるのは数年前の成功例のみ、自信満々で「YES/NO」を行い、その結果に基づいて売買をしていったわけです。ところが、どうも「YES/NO」が当たらないのです。

かつての経験からすれば、良ければ4勝1敗、悪くても3勝2敗ぐらいの成績が出ても良いはずなのですが、実際は良くて2勝3敗、悪ければ1勝4敗という大幅な負け越し。たちまち大きな損失が出てしまい、まったく勝てないのです。

食品添加物
食品添加物とは、食品の製造過程や保存の目的で使われる保存料、甘味料、着色料、香料などのことです。国内では認可されていても海外では禁止されているなど、危険性の高い食品添加物が使用されているものも多く、自分自身や家族の健康を守るためには、どんな添加物が含まれているのかを把握しておくことは重要です。

何が原因か、当時は「YES／NO」の精度を下げる原因として考えられるのは加工食品や**食品添加物**ぐらいしか頭になかったので、「昨日何を食べた。あれが悪かったのではないか」、「いやおといの外食が影響しているのか」など、食べ物のメモを見ながら検討する毎日が続きましたが、イマイチはっきりしない。

そんな時は〝断食〟すべきではと思い、1～3日の**（半）断食**をしてみたり、滝行を繰り返したり、或いはまたエクササイズが足りないのかと思って普段の倍ぐらい励んでみたりと、まるで苦行僧のような日々が続いていました。

3・11後の福島第一の放射能漏れ

しかし、答えは意外なところからやって来たのです。5月の連休に故郷会津に帰った折、福島県産の野菜や米、果物やその他をたくさんもらってきたことが発端でした。

（半）断食
半断食は日常生活を送りながら行なう断食で、半分食事を抜くということではなく良質な穀物を使った粥やスープの食事をよく噛みいただく食事法です。食事を抜くより、血液サラサラにしたり、体内の老廃物や毒素を排拙できます。ご飯を五分づき米や発芽米か玄米にして、小魚、大豆製品、生野菜、煮野菜にするのもいいでしょう。

「いやー、やっぱりふるさとの食べ物はうまいなー」などと喜んで毎日食べていたのですが、1週間・2週間と経つうちに、透視成績が低下してきたことに気づいたのです。

念力や「YES／NO」はその日の体調というか不確定要因も多少ありますので除外しますが、透視だけはエネルギー体や中枢神経系の状態を純粋に物語るので、「ひょっとしたら?」と思い、もらってきた福島産の食料を全てカットしてみたのです。すると…、その後1週間ほどで透視成績が回復、犯人はこれらの食品だったことが分かりました。

「でもなぜ?」と思って原因をいろいろ考えた結果、思い当たったのが3・11後の**福島第一の放射能漏れ**。それともう1つ原因追求に役立ったのが、数ヶ月前に会員の1人が持ち込んだラジウムでした。

その時も、いきなり透視能力が低下し、影響が抜けるまで2～3日かかったことが記憶にあったのです。

福島第一の放射能漏れ
2011年3月11日の東北地方太平洋沖地震による福島第一原子力発電所事故で、今も太平洋に流れ込んでいる放射能汚染水の量と濃度は当初考えられていたよりずっと悪いものであり、4号機プールに残された燃料棒は、広島型原爆の約1万4千発分にも相当し、もしも作業中に放射能漏れすれば首都圏どころか日本中が人の住めない状態になると言われています。

チェルノブイリ以上の汚染状態

ラジウムも立派な放射能の一種、首都圏にいた私たちにとってはこの問題がさほど切迫した感じはなかったのですが、きちっと調べてみると現実は恐るべきものでした。

まず、現在の東日本の状態は**チェルノブイリ以上の汚染**状態で、原子力規制委員会が発表している地図などはほとんどデタラメに等しいと考えられます。

というのも、年間20 mSv（ミリシーベルト）という政府の被曝基準ですが、これは食べ物や水からの被曝だけを前提として設定されたものであり、実際は空気中の放射能が呼吸によって入ってくる量が10倍近くに昇るとされています。

チェルノブイリ以上の汚染
日本政府は福島の事故での放射能放出量はチェルノブイリの6分の1としていますが、実際はチェルノブイリの4．4倍に上ると指摘されています。しかも、チェルノブイリでは、7か月後には石棺を構築して放射能漏れをストップしていますが、福島では現在も放射能漏れが続いています。

mSv
外部被曝や内部被曝で実際に人体が悪影響を受ける放射線量を表す単位として使われます。1mSvは1Svの1000分の1です。ちなみに倍の2シーベルトになると、5割の人が死亡すると言われます。

農畜産物はかなりの高線量

そうした目で全国の状況を見ると、福島第一の立地する福島県はもとより、東は北海道・西は九州まで事故前の自然放射線量を**大幅に上回る放射線**が観測されているのです。例えば西日本でも愛知・岐阜の一部、京阪神の広い地域、また滋賀・三重から岡山・広島・山口などの広いエリア、四国と九州の一部でも高い数値が出ております。

裏日本では鳥取・福井・富山・新潟の一部までが高く、関東甲信地方でも静岡・神奈川

2016年11月18日の放射性物質の分布状況
放射性物質の分布状況等に関する調査より
(出典：原子力規制委員会)

大幅に上回る放射線量
日本から約8000㎞も離れたチェルノブイリ原発が事故を起こした時には盛んに注意喚起したのに福島第一原発事故に関しては「ただちに健康に影響はない」と壊れたレコードのように繰り返していましたが、実は北海道から九州まで放射能の汚染は広がっていたのです。その事実が今暴かれ始めています。

を除けばかなり高い線量が報告されているのです。

しかも政府が発表しているのは放射線のうちγ線（ガンマ）のみの量で、β線（ベータ）まで含めれば実際はその倍以上の線量と考えなければなりません。

さらに、福島第一の事故直後に放出された放射能で土壌汚染を起こしているのは、宮城・山形・福島から群馬・栃木・茨城にまで至り、このエリアの農畜産物はかなりの高線量で汚染されているわけですし、海洋汚染を考えると焼津以北の太平洋岸の魚介類はすべて食べてはいけないものにリストアップされます。

食品添加物や加工食品また医薬部外品についての注意を申し上げましたが、これに放射能汚染の問題を重ね合わせると、「買ってはいけない」ものは8割～9割方になってしまい、そこのところを厳密に線引きしていかないと、超能力は撹乱される結果になってしまうのです。

γ線・β線
原子核から放出される高速の電子でγ線は透過する力が強く人体は外部被曝、内部被曝の両方の影響を受ける。
β線は、物を透過する能力は弱く厚さ数ミリのアルミニウムやプラスチックでも止められる放射線です。

除染と引っ越し

外部被曝と内部被曝

放射能の人体に対する影響は外部被曝と内部被曝とに分かれ、身体の外にある放射性物質から放射線の放射を受けるのが外部被曝です。

一方、小さな埃や粉塵等に付着した放射性物質そのものを食べ物とともに体内に取り込んだり、呼吸とともに肺から吸い込み、体内に入った放射性物質から放射線を受けるのが内部被曝です。

外部被曝と異なり、内部被曝では体内に取り込まれた放射性物質により、それが体外に排出されるまでの間、至近距離から局所的に強い放射線を長期間継続的に浴び続けるため、低線量でも危険性が高く、繰り返し放射線を受け続けた臓器に癌が発生しやすいとされています。

外部被曝は、殆どが発生源からの距離が長いγ線から受けるものです。一方、内部被曝は放射性物質の粒子を吸い込んだり食べたりするわけですから、**α（アルファ）線**・β線・γ線ともに受けます。

γ線を発する物質を取り込んでも、到達距離が長いためエネルギーの殆どが体外に出てしまうので、受けるダメージは限定的です。

内部被曝の影響は非常に大きい

問題なのはα線とβ線の内部被曝で、これらはγ線に比べて飛距離が短く、体外であれば簡単に遮断できますが、その短い距離内で放射するエネルギーはγ線より遥かに大きいため、内部被曝の影響は非常に大きくなります。

プルトニウム２３９はα線、ストロンチウム90はβ線、セシウム１３７はγ線を出すので、プルトニウムやストロンチウムは危険だと言われることが多いのですが、正確にはセシウム１３７も崩壊の過程でβ線もγ線も

α線　放射性物質から出る放射線の種類でアルファ線は粒子が大きく外部被曝は防ぎやすいですが、口などから体内に入った場合蓄積され体に大きなダメージを与えると言われています。

放出します。

至近距離から強力な放射線を集中的に1ヶ所に受けるという点で、同じ実効線量で比較すると内部被曝は外部被曝の600倍から1000倍ほどの危険性があると言われています。

つまり、外部被曝の1mSvと内部被曝の1mSvとは人体に与える影響は全く異なり、ICRP（国際放射線防護委員会）や日本政府が唱える1mSvまでは安全というのは、あくまで外部被曝のみを考慮したに過ぎないということに注意が必要です。（以上、インターネットサイト「東京被曝対策情報」による。）

環境放射線量を把握することが第一

以上のような知識を前提に対策を考えると、まず自分の住んでいる場所の環境放射線量を把握することが第一となります。そのためには自治体の発表している数値も参考になりますが、それ以上に直接把握することが必要であり、私たちはγ線用の簡易測定器とγ・β両方を測れる精密なガイガーカウンターを用意するところから始めました。

それによりますと、当時の住居の環境放射線量は、γ線で平均0・06μSv／hと結構高く、外出時には高密度に放射線を遮るマスクの着用が必要とされました。

さらに室内の線量も問題で、γ・βの合計は何と0・10〜0・18μSv／hと非常に高く、この対策としては室内の〝除染〟をしなければということになったのです。

この〝除染〟、室内の放射性ダストを全て除去していく作業であり、雑巾を何枚も用意して流水で軽く絞り、天井を始め壁面・床など全て拭いていく作業です。

もちろん家具や事務機器は一度部屋の外に持ち出して、室内の掃除が終わってからもう一度運び込む時に雑巾で拭いてから運び込むという形になります。

一度使用した雑巾は放射能まみれになりますのですべてビニール袋に入

れて処分、作業者はマスク・手袋・帽子・メガネなどで放射能から身を守り、長袖・長ズボン着用でやらなければなりません。

このことは**「できることから、はじめたい」**というブログ http://eminakae.exblog.jp/ の「放射線を少なくする家そうじ」にイラスト付きで詳しく載っていますからご覧になって参考にするといいと思います。

放射線量の低いエリアに引越しすべきではないか

初めて掃除を行ったのは6月初めの土曜日、私も事務員たちも皆汗だくで終えたのを思い出します。そして、翌朝の計測では、γ線量が0・04〜05、γ・β両方の値も0・08から0・10と劇的に下がり、その日は透視がとてもクリーンに見え、「日経225先物」(YES／NO)の成績も大幅UP! まるで霧が晴れたような感じでした。

「こりゃ、キチンとやんないといけないなー」ということで、毎週々々やるべきことや1ヶ月のローテーションなど組んで始めたのですが、かなり

「できることから、はじめたい」
ニックネームでemi-nakaeのブログで、その中にある「放射線量を少なくするそうじ」は多くの専門家の先生方が推奨している方法だそうです。「私は空間線量計を片手に自宅と友人宅で測定しながら掃除し、メモを取りました。皆様のご参考になれましたらうれしいです。」との記述があります。

の重労働で皆クタクタに。少し頻度を落としてみたり、作業員を雇ってみたりいろいろやってみたのですが、ウィークデーにやられると先物取引などにも影響するし、何が仕事の主体なのかも分からなくなり、この作業にすべてが振り回されるという感じになってしまいました。

そこで、「こんなことをやっているより、放射線量の低いエリアに引越しすべきではないか。いつまでもみんなに**ニコちゃん大魔王の家来**みたいな格好もさせてられないしなー」ということで引っ越しをしたのが、翌年の春の終わり頃。環境放射線量は一挙に0・03から0・04（γ線）、室内の数値も0・10以下（γ・β線）となり、放射能の問題はこれで解決し、呼吸法も楽になり、透視や念力の成績もアップしていったのでした。

でもあの時購入したN95規格マスクやHEPAフィルターを備えた掃除機・空気清浄機などは今でも役立っているようです。

ニコちゃん大魔王の家来
鳥山明の漫画『Dr.スランプ』に出てくるニコちゃん大魔王という宇宙人の家来は、大きな顔に大きなサングラスをかけた手足の短いずんぐりむっくりした体形のキャラ。

熊本大地震での発見

問題は「地磁気の影響」

前節で、「放射能の問題はこれで解決し、呼吸法も楽になり、透視や念力の成績もアップしていった」と申しあげましたが、これでようやく「YES／NO」の成績がアップして「日経225先物」に本格的に取り組めると私たちも考えておりました。

ところがなかなかパーフェクトとはいかず、勝率は6割から7割ぐらいに止まり、損失もかなり出るため思うような利益は達成できない状態が続いていました。

「なぜだろう？　他に何か要因があるのだろうか」と考えていたちょうどその頃、宮崎の会員Kさんからのご相談があったのでした。この方、建築会社の経営という関係上、「日経225先物」の取り組みは時間的制約があって出来ないのですが、入札価格を「YES／NO」で当てるのは名人技。今まで何回も当てていらっしゃるそうで、驚異的な成功に、地元では〝入札の神様〟と呼ばれているほどの方だったのです。

ところが、その年初めくらいから、「YES／NO」の際の手のひらの感覚がおかしく、比較のための対照実験（コントロール）でもまったく当たらない状態が続いている、とのことでした。

「放射能の影響でしょうか？」と心配されるのですが、宮崎のγ線量は0・03μSv／hと低いので、考えられる阻害要因を6つほど出して判定した結果は、次の通り。

食生活＝NO、睡眠＝YES、**アストラル体**の活性＝NO、健康状態＝NO、放射能＝NO、地磁気の影響＝YES。睡眠に関してはご本人も思い当るところがあり、生活事項を見直していただくことで対処してもらうようにしましたが、問題は「地磁気の影響」という点です。

アストラル体
アストラル体は、動物のみに備わるもので主に精神活動における感情を司っているもので超能力で魔術、心霊現象、霊媒などを発揮させる宇宙に遍満するエネルギーであるとされる。（142頁）

人は電磁波の影響を受ける良導体

この項目をなぜ加えたかというと、熊本大地震のあったエリアですし、その後も日向灘〜豊後水道〜伊予灘辺りの活動が予測されているからでした。

あと、以前から気付いていましたが、YES／NOで答えがはっきりしない時、立つ場所をちょっと変えてみるとよくわかるということもあり、人は電磁波の影響を受ける良導体だと思われるからです。

また、ずっと以前、「色彩診断」という学会を見学したことがありましたが、ここでは**O(おー)リングテスト**で診断を進めていくのですが、その際金属はすべて身体から外し、かつ、時々腕にたまった何かを胸を叩いて放出していたのを目撃しました。「電磁波の影響を考慮してるんだなー」というのも思い出されたのです。ということは、地震の起こりそうなエリアでは電磁波が強くなり、感覚が狂ってくると考えられるわけです。

実際、この電磁波と地震の関係を理論付けて地震予知を行っている人に、

O(おー)リングテスト
O‐リングテストとは、手の指を使った診断法で、患者が手の指で輪を作り、診断者が患者の指の輪を引っ張り輪の力の強弱で診断する方法で患者の体に異常があると指の力が弱まり指の輪が開くと言います。

電気通信大学の**早川正士**教授がおり、氏は1995年の阪神淡路大震災の時のＶＬＦという電波の分析を行い、地震発生の1週間前にＶＬＦの受信状態が変化していることを発見、これを地震予知に用いることに成功しているようです。

Ｋさんからはその後7月半ばにもう一度ご連絡をいただいて「少し感覚が戻ってきた」ということでしたので、4月半ばの熊本大地震を挟んで前後6ヶ月間にわたって感覚異常が続いたことになります。

それと比べると早川教授の電磁波による地震予知は精々1週間から10日前と地震の直近に初めて可能になるわけで、Ｋさんの感覚異常の原因が地磁気によるものだけではなさそうだと考えるのが合理的です。

ただ、このことを契機に、中枢神経系は地殻変動により何らかの撹乱を受けることは確かであり、大地震の前にクジラやイルカが座礁したり、陸上動物が異常な行動を見せるという報告も、この事実を裏付けているといえるようです。

早川正士（はやかわまさし）
電離圏／磁気圏プラズマ波動と磁気圏診断の研究者。空中を飛び交う電波の微妙な変化をキャッチして地震の発生を予知する技術を開発。その技術を用いて地震の予知研究を行っている。

邪気への対処

その事件は起きた

前節までの考察で、「ＹＥＳ／ＮＯ」を撹乱する要因として、食品や医薬部外品に起因する添加物と放射能の他に地殻変動に伴う地磁気を始めとする要因が判明しましたが、その後の私たちは呼吸法や滝行により株価予知の精度をアップし、当たらなくなってくると（半）断食をしたりしてなんとか「日経２２５先物」を断続的に続けていきました。

こうした形で良い結果が出る時はいいのですが、当たらない時は「どこかで地震が来るのかもしれない」などと考えながら、しばらくトレードは休み。その頃の日課といえば、朝は呼吸法をやってから玄米スープの朝食、その後透視と念力をやって成績を記入。

9時からは「日経225先物」に取り組み、その合間にエクササイズをやってお昼を迎え、うまくいく日は後場の早い段階で決済を行い、午後はその他の仕事をするという感じでした。

ただ当たらない時は後場の引けまでもつれることもあり、そんな日は予定が大幅に狂ってしまうこともしょっちゅうだったのです。

2016年の暮れも（半）断食を行なったのですが、これがかなり奏功したのか、1月の年明けの市場ではミラクルがかなり長く続きました。約3週間にわたって勝ちが連続したので、そろそろラージの枚数を増やして行こうと思っていた矢先にその事件は起きたのです。

煩わしさが悪影響

その日は早朝7時半から非通知の電話が何回も何回も鳴り、やむを得ず8時半頃出てみると、古い会員の1人がお孫さんの件で相談があるとのこと。

私自身は9時から始まる「日経225先物」の準備をせねばなりませんでしたので、申し訳ないと思いつつも9時10分前に事務の者から折り返しの電話をさせたのです。そのことが煩わしさとして悪影響したのかその日は3週間ぶりに予測が当たらず損失発生。相談そのものは、翌日の午後改めてお電話して終了したのですが、夕方もう一度電話があり、明日か明後日にもう一度相談をさせて欲しいとのこと。

ところがそれが木曜日で、週末と週明けは予定がいっぱいのため断らざるを得ませんでした。そしてその日も次の日も夜8時過ぎに非通知の電話が鳴っていたのですが、私としては木曜日も株価予測が外れたことからあえて電話には対応しませんでした。

この一件の影響はかなり長く続き、これを機に2月から3月にかけては「YES／NO」がほとんど当たらないため、事実上のトレード休止状態、念力や透視成績も低下するなど本当に困り果てました。

私たちのパワーの中には〝死霊や生き霊〟に対処する方法もあり、2月の中旬からはこのパワーを用いてその方に起因する**怨念**を打破する試みを

怨念
怨念とは死霊や生霊が発するもので、人間が発する念よりも強く恐ろしいものです。先祖の霊の祟りやうらみのこもった思い。うらみに思う気持ちの作用で怨念が呪詛霊となって取りつき、さまざまな障害を与え異常現象を発生させます。

毎朝行うようにしました。

しかしその効果が完全に出てきて株価予測がパーフェクトになるには4月までかかってしまったのです。

YES／NOを撹乱することが判明

「なぜか？」と考えて天界に訊いてみた結果は、「ストーカーのような過剰な依存心にも対処する必要がある」とのこと。

〝邪気〟というものを私たちは従来、〝恨みつらみや妬み嫉み〟というふうに解釈していたのですが、このケースの終わりには確かにそうした気持ちに変わったと思われますが、そもそものはじめは過剰な依頼心だったわけで、このようなものもまた「YES／NO」

を撹乱することが判明したわけです。

以後私たちは、そうしたことも含めて〝**妨害念波**〟に対処し、同時に相手方に幸せな活路が開けることを天界に祈ることで、予測精度を回復することが出来たのでした。

妨害念波
妨害念波は肉体的・精神的に強い影響を及ぼすことがよく知られております。過剰な思い入れや度を越えた依頼心、一線を越えた干渉などがこれに当たります。こうした妨害念波は、肉体的・精神的に影響を及ぼすことはもちろん、超能力にも影響しYES／NOや神通力の能力も低下させます。

センサティブな脳

〝地磁気と脳〟

こうしてようやく3月末からトレードを再開したものの、なかなかパーフェクトが出ず、成績は良くて2勝3敗ぐらいが関の山という状態が1週間・2週間と続いていきました。添加物も放射能も邪気もすべて対処しているのに、一体何が原因なのかと「ＹＥＳ／ＮＯ」で見たところ、地磁気という結果が圧倒的に。「熊本地震」のところでも触れましたが、電磁波だけでない地殻変動に伴う何らかの要因が影響しているわけで、これを解明しない限りパーフェクトは出ないものと思われました。

お花見の時期で世間が陽気に騒いでいるのをよそに、ひたすらインターネットで〝地磁気と地震〟あるいは〝地磁気と脳〟などのキーワードを入れて検索する日々が続きました。

そしてやっとそれらしいサイトに到達したのですが、「電磁波で脳は地震を予知する＝『脳センサー』耳鳴りと地震予知」というもので、「地震に先立つ地殻変動時の岩石破壊によって電磁波が発生し、動物の異常行動と人間の体感異常を起こしていた」というもの。

脳幹にある音情報の切り替えスイッチ

このサイトそのものは耳鳴りを主体に分析していたので直接役には立たなかったのですが、ここで私たちはある新しい理論に巡り合ったのです。

前にも申し上げましたが、地震に際して岩盤が破壊されると電磁波が発生し、これを予知に使っているのが電気通信大学名誉教授の早川正士氏。しかし、氏の予知は1週間〜10日前がほとんどで、私たちのように大地震の数ヶ月前から始まりその後数ヶ月にもわたる異常は説明できないのが実情でした。

ところが、言語脳とハーモニックな脳とに行く音情報の切り替えスイッチが脳幹にある、という元東京医科歯科大学の**角田忠信**博士の研究にヒントがあったのです。

氏によると、人間の脳は宇宙環境を生き生きと感じ取るセンサー機能があるというのですが、この要因には地殻のストレス・圧力・磁場・ハレー彗星の接近、さらに月の満ち欠けや被験者の年令などさまざまなものがあり、地磁気というよりは宇宙・地球環境と広くとらえなければならないとのことだったのです。

こうした要因により脳幹にある音情報の切り替えスイッチはさまざまに攪乱されるのですが、〝磁気シールド室内ではその影響がなくなる〟と博士は述べていたのです。

万有引力を跳ね返すパワー

私たちのパワーも、携帯電話や家電製品からの電磁波をシャットアウト

角田忠信（つのだただのぶ）　独自の実験手法で日本人の脳と西洋人の脳の違いを明らかにした研究者で、日本人と西欧人とでは左右の脳の働きに違いがあるため日本民族の創造し、育んだ音、音楽は西洋人とは異質のものになると主張した。

できるので、初心者にセミナーで実施させるとほぼ全員成功することで以前から知られていました。

また、重力のコントロールなども可能で、この場合は例えば椅子に座った人を椅子ごと包むエネルギー的なシールドを作り、ここに万有引力を跳ね返すパワーを一定時間入れるのです。

そうすると、シールド形成をする前はほとんど持ち上がらなかった人と椅子を、かなり上に上げることができるようになるわけでやはり昔からやっていたことです。「それじゃぁ、今度は〝センサティブな脳〟に影響するすべての因子をシャットアウトするパワーを入れてみよう、それで株価予測をやってパーフェクトが出れば良し」との思いで早速やってみたのでした。

すると…、その翌日からパーフェクトないしほぼパーフェクトが出始め、それが4月の連休前まで続行したのです。連休中はこれまでの予定通り断食を行いましたのでトレードはやりませんでしたが、連休明けもミラクルが続行し、これにより私たちはついに「永遠の課題」を超克したと考えました。

「YES／NOセンサティブ」

センサティブな脳にちなんでこの手法を「YES／NOセンサティブ」と名付けました。「精度」という点で考えると、概ね70％と評価せざるを得なかった従来の「アップグレード」と比べて、「YES／NOセンサティブ」は95〜100％の結果が期待できる株・先物やギャンブル向けのミラクルなパワーであるとニュースレターでも紹介したのでした。

この新しいメソッドはまさに、株価やギャンブルに関して、ほぼ百発百中ともいえる能力になります。未来はこうした形で開かれ運命の女神は必ずほほ笑むわけですが、これを伝授すべきかどうかとなるといろいろ問題が出てきます。

先ず、個人投資家はもとよりヘッジファンドなどに悪用されたらキリがない。また、ギャンブルなどでも、毎回々々当たっていたら、疑いの目が

YES／NOセンサティブ
「書物の選択」「言説の信ぴょう性」などアナログな質問判別に強力な武器となっていた「アップグレード」でも、株価やギャンブルなどのデジタルな世界ではその精度が7割程度でした。その精度を95〜100％に高めた手法として発表されたものです。

アップグレード
「パワー・インストール」を受けた方が受けられるさらに上の能力です。「アップグレード」で私たちの眼前に広がる三次元(四次元)の世界の元となる〝至高の情報系〟と大脳が接続されます。

向けられることは必定。まぁ、それも伝授すべきか否かは、当サイエンスの判断とし、万一公序良俗に反する行為等があった場合は「アップグレード」に遡って能力を消滅するとすればどうなのか。

でも、株やギャンブルなどはまだいい。問題は、未来が確実に分かるという点であり、もし、その能力によって、さらに膨大な計画が進行したりしたら、時空というものは果たしてどうなるのか。タイムマシンで過去を変える危険性は指摘されていますが、この能力で未来を先取りしたらどうなるのか。

考えてもなかなか結論が出ず、結局「YES／NO」でみたら、2対0で伝授すべきという結果が出たのです。

どうやら事態は新たな局面に入ったようで、個人的な身の危険なども考えねばならず、あまり喜んでばかりもいられない段階になったのだと、緊張して身構えたことが思い出されます。

パーフェクトへ向かって

すべて打ち切らざるをえないほどに

大々的にデビューした「YES／NOセンサティブ」でしたが、その伝授に関してはこれまでのセミナーの常識を破る高額な金額を設定しました。にもかかわらず多くの問い合わせがあり、7月までに最初の伝授を行う予定も公開しました。

ところが、5月の末ぐらいから株価予測が当たらない日が出てきて、6月になると当たる日の方が珍しくなりました。そこで原因を探ろうということになり、とりあえず7月の伝授は延期することにしたのです。

食生活が悪いのか手法が間違っていたのかとあれこれ探ってみましたが、はっきりした原因がつかめないまま時間だけが過ぎていきます。「4

月末から5月中旬にかけてのあのミラクルは一時的なことだったのか」という疑念も湧いてきて、事態は錯綜するばかり。「YES／NOセンサティブ」のデビューに際して**アルチュール・ランボー**の詩を引用して「見つけたよ、何を？　永遠を」などと言った手前、もうすべて投げ出して田舎にでも引込みたい気分だったというのが本当の所でした。

この年は空梅雨でほとんど雨が降らず、7月上旬に真夏のような暑さを迎えたのですが、鬱々としていた私は外に出る気にもならず、エアコンをつけた部屋で毎日インターネット経由のB級アメリカ映画などを見ていたのです。

で、それが1週間ほど続いた頃、急に右腰と左肩・腕が痛くなり、「YES／NO」に際して手を上げることも出来ず、トレードはもちろん、電話相談やら何やかやもすべて打ち切らざるをえないほどになってしまったのです。でも反面「これで申し訳が立つ」と思い、ニュースレターなどにもその旨記載、一時休養することを主眼にせざるを得ませんでした。

アルチュール・ランボー
19世紀のフランスが生んだ天才詩人。パリ・コミューンで騒然とするフランスにあらわれ、燃え尽きるように短い青春を生きたランボーの詩は、情熱的で感性あふれた若々しさでフランス現代詩の代表といわれています。

再びパーフェクトが出た

ところがこの症状、一時的なギックリ腰とか五十肩などではなく、ほぼ治るまでにその後3〜4ヶ月ほどかかったのですが、休養中のある日の鍼治療後2・3日して、「YES／NO」を試してみたところパーフェクトが出たのです。

中5日ほど置いて2回目の鍼治療をした後にYES／NOを試すとやはりパーフェクトが出ましたので、4月・5月のミラクルは決して一時的なものではなく、中枢神経系やアストラル体に影響する要因はクリアしたものの、末梢の知覚異常を来たす問題をおざなりにしていたことがエラーの原因だと判明したのです。

それからは良いと言われるものはすべて取り入れ、週3〜4回の治療と自宅でやるお灸や温泉療法を組み合わせ、大急ぎで回復を図ったのです。

おかげさまで、この年の夏が例年と比べてかなり涼しかったこともあって全身状態も回復し、お盆には週5日のうち2~3回はパーフェクトが出るようになり、8月末の第一回「YES／NOセンサティブ」の伝授も無事終えることができたのでした。

すべては天の配剤

当時70才目前だった私ですが、この腰・肩・腕の痛みは40代後半の足の亀裂骨折や50代後半の肩の軽い脱臼などのリハビリを怠ったのが原因だったのでしょう、天はまさにこの時警告を発してくれたのではないかと思います。

また、近くにとても有能な治療師さんがいてくれたこと、さらに日帰り温泉が車で1~2分の所にあったことなどを考えると、すべては天の配剤であったと今にして思い出されます。

一定の年齢を超えた場合は、これまでお話ししてきたさまざまな要因をクリアすると同時に、自分の身体の手入れにも十分気を使い、しなやかで柔軟な肉体を維持することが重要であるとお分かりいただけたと思います。

それはまた「YES／NO」だけでなく、体や心の病から解放される道筋でもあり、超能力を極めることは病の平癒を探ることとも共通するのだと申し上げられます。

〝天界のライセンス〟

仏教を始めとする宗教界では座禅や瞑想などが提唱され、最近では若者や女性の中にもこれらの修行をする方々を数多く見かけますが呼吸法や（半）断食、さらに滝行などになると、一部のマニアを除きまだまだ極めて少数だと思われます。

しかし、それらを行うことによって得られるのは、能力のUPや病の治癒といった実利的な結果だけではなく、この世界以外にそれを超越する〝異次元の世界〟があること、またさらに上に〝天界あるいは天界の存在〟があるという大いなる認識がもたらされる点にもあるのです。

超能力は努力や修行によって獲得される面もありますが、それは実は必要条件にしか過ぎず、天界の許諾を得ることが十分条件と考えられます。

そうした意味で、人知を超えるパワーを発揮するには〝天界のライセンス〟が必要であり、そのことを私たちはこれまでさまざまな場面で経験させられてまいりました。

そして天界は私たちを常に見つめており、決して過大なことは必要ありませんが、朝晩謙虚な気持ちで願いと感謝を捧げることも重要なのだとお話しして、本章を終わりにさせていただきます。

第二章

「YES／NO」の実際

霊能者や占い師との違い

〝天界のライセンス〟へ向けて

本章では、これまで未来（過去・現在）予知の手法として申し上げてまいりました「ＹＥＳ／ＮＯ」という手法について、具体的な形でその方法をお話ししていきたいと思います。

簡単に申し上げれば、ある質問についての答えを予めメモ用紙等に書いておき、それらの答えを茶封筒に裏返しにして入れた後これらにパワーを入れて、どの答えが正しいかをみるのですが、それぞれのパワーがどこまで高く上がっているかを手でキャッチして確認するというものです。

但し、このパワーを用いるためには当サイエンスの「アップグレード」という伝授を受ける必要がありますので、一般の人がやっても無理なので

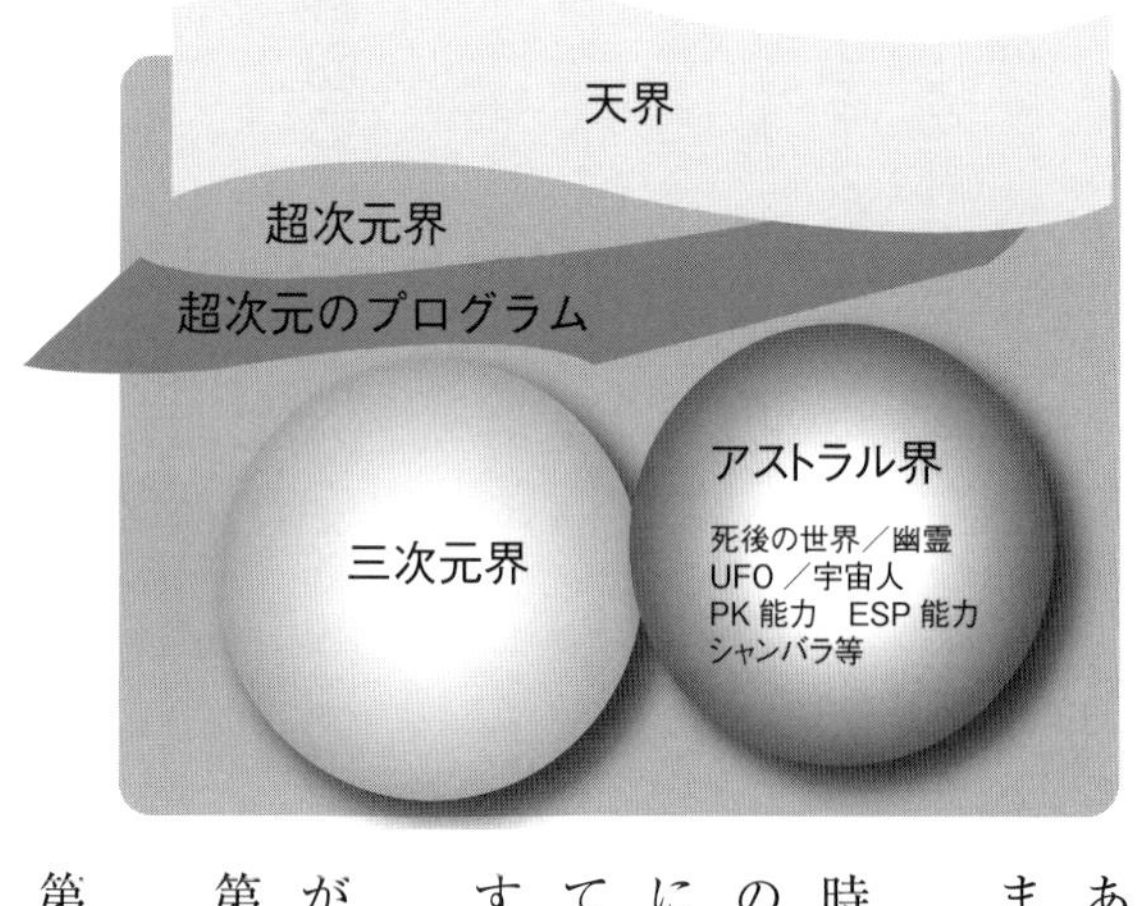

すが、パワーをキャッチするだけであれば敏感な方ならどなたでもできます。

私はこのパワーを最初に開発した時から、私の病院のスタッフや会社の事務の者など―女性のほうが一般に敏感なので―複数のものに行わせてパワーキャッチの確証を得ています。

この複数で検証できるという点が、他の霊能者や占い師との違いの第1点となります。

霊能力や占いの世界と言うのは、第一章のはじめにも申し上げたように、無限にインチキが可能となる世界ですが、その原因の1つに〝見える〟とか〝聞こえる〟といっても、それは霊能者や占い師本人だけに見えたり聞こえたりしているだけで、他の人にはまったく確認できないということです。

霊能力と言うのは受動的な側面が強い

カメラやビデオに不思議な映像が捉えられたり〝声が録音される〟こともありますので、こうした人々のすべてが怪しいというわけでないことは本当だと考えております。

しかし、一部の霊感商法の才能だけあるような輩により誤解を生ずる部分が多々出てくるのは事実であり、これまで多くの霊能者や占い師・**チャネラー**などと接してきた私の経験によると、最初は本当に能力があったにもかかわらず、それを商売にした途端に〝見えなく〟なったり〝聞こえなく〟なったりするケースも多いのではないかと考えられます。

つまり、こうした人々の霊能力というのは受動的な側面が強く、自らの

チャネラー
普通の人には見聞きできない高次の霊的存在・神・宇宙人・死者などからのメッセージを受信したり、コミュニケーションできるという能力をもつ人をチャネラーと言います。

意思で〝見ている〟〝聞いている〟というよりも、〝見させられている〟あるいは〝聞かせられている〟と言った方が正しいのではないでしょうか。

こうした場合、商売として次から次へと依頼があったりするとかなり能力的に無理が出てきて、その時点からインチキをしなければならないという状態にもなるわけです。

こうした点でも私たちの力は、自分が知りたい答えを随時問いかけることができるという点で、能動的な能力であると位置づけられます。ただ、どのような〝存在〟あるいは〝システム〟が答えをよこすのかについては、今のところ分からないと申しあげるしかありません。

第一章の初めにもお話ししたように、この世界のすべての事象の背後にあって、すべての成り立ちを措定しているプログラムがあり、この膨大なプログラムとセンサティブな脳が接続された時、人は物理的距離を超越して現在・過去のすべてはもとより、神のみぞ知る未来を見通すことも可能になるのです。

ある意味私は非常に危険な力を開発してしまった

いずれにしろ本書では、株（先物）価やギャンブルまでほぼ完璧に予知できるということを証明していくことが目的ですので、霊能者や占い師などだけでなく、いわゆる精神世界に属する人々にとってはかなり厳しい状況になることは想像に難くありません。

なぜなら彼らに本当に未来が見えているのだったら、株（先物）価や宝くじの当せん番号まで予測できるはずであり、それが出来なければその人の能力は眉唾（まゆつば）だといえるからです。

中には「株（先物）なんてやったことがないから」とか、「ギャンブルなどは不浄だ」などと言って煙に巻く人々も出てくるでしょうが、当サイエンスの会員に私が簡単な訓練の方法として申し上げているのが、「スーパーの牛乳や食品の値段など、明日はどちらが安いか」とみる方法ですが、これくらいのことが解明できなければやはりその人には未来予知の能力がないと考えることができるのではないでしょうか。

　第一章の「センサティブな脳」の所でもお話ししましたが、ある意味私は非常に危険な力を開発してしまったのであり、霊能者・占い師などはまだしも、宗教界を敵に回してしまうと本当に身の危険を考えなければならなくなりそうです。

紙にパワーを封入

YES／NOの前段階

本節では、「YES／NO」の前段階として、何らかの質問に対しての答えを書いた紙を用意しておき、それらを茶封筒に裏返しにしてパワーを入れるところまでをご説明したいと思います。

例えば質問が株価に関するものであるなら、現値に対してプラス○○円は出るのか否か、マイナス○○円は出るのか否か、ギャンブルで例えればナンバーズ3であるなら、下3桁の百の位は0~9のうち○でよいのか否か、とメモ用紙に書いておくのが最初の作業になるわけです。

本章の最後で詳しくお話ししますが、このように質問が的確であればあるほど「YES／NO」の答えが明確に感じられ、あまりにもあやふやな質問である場合はどっちつかずの答えしか帰って来ないと経験上申し上げられます。

重要なことほどブラインドで見ていく

株にしろギャンブルにしろ一定程度の知識はあった方が良いのですが、あまりにマニアックな程には必要ないというのが実際的です。

現に私など、「日経２２５先物」をやっておりますが、日経新聞は読まないしその他特別な情報にも頼っておらず、テレビやラジオの株式番組などもまったく視聴しておりません。

次に、答えを書いた紙を茶封筒に裏返しにして入れるわけですが、これも特別な意味があるわけではなく、表向きに入れると文字が透けて見えてしまうと言う理由によります。

「ＹＥＳ／ＮＯ」の最初の実習では、Ａ４のコピー用紙１枚に答えを２つ書き、それを見ながらパワーを入れたりキャッチしたりするのですが、目

視の弱点はどうしても思い込みが入ってしまうという点にあります。

例えば、A子さんは自分に好意を持っているか否か、または来年大金が入ってくるか否かなどの質問の場合、どうしても目視の場合は肯定的な答えの方に思い込みが入ってしまうというわけです。

これは株価やギャンブルについても同様であり、頭の中に上がるという思い込みがあれば高値の方に思い込みが入り、ギャンブルに例えれば競馬などでもこの馬がという思い込みがあればそれが「Y

ＥＳ／ＮＯ」の結果を左右してしまいます。

こうしたことから、株（先物）やギャンブルはもちろんですが、その他のことでも重要なことほどブラインドで見ていくほうが正確な結果が得られると思われます。

超次元エネルギー

例えば株の値動きを見るとします。答えを書いたメモ用紙を茶封筒に入れたら、今度はいよいよここにパワーを入れるわけですが、前節でもお話ししたように、パワーを入れるには当サイエンスで「アップグレード」という伝授を受けていることが必要です。

パワーをキャッチする程度であれば敏感な人なら誰でも出来るのですが、超次元のプログラムからの情報をキャッチするには、特別な能力が必要になるとお考えください。

で、前ページの写真のように茶封筒の上に両手をかざしパワーを入れるわけですが、この時は通常―大きな声でなくても良いのですが―、「超次元エネルギーがこれらの紙に入る」と唱え、続けて「現値より○○円高は出るのか否かが、垂直方向のエネルギーではっきりとキャッチできる」と口に出して言うわけです。

ではなぜ〝垂直方向〟なのかですが、パワーを入れた後は入ったパワーを一つひとつ上げていき、それらがどの程度の高さまで上がっているかを確認することで結果を見ていくからです。

また、〝はっきりとキャッチできる〟と言うのは、上がっているパワーが目に見えるわけではなく、あくまで手のひらでキャッチすることで高さを確認する以外に手立てがないという理由によります。

YES／NOのパワーは応用が可能

余談になりますが、この「YES／NO」のパワーを使えるようになれば他にも応用が可能で、例えば結婚式や開店の期日などを見たい時にはカレンダーにパワーを入れても良いですし、お店を選びたい時にはタウンページなどに入れてみるのも良いでしょう。

また、場所をみる時には地図に、信憑性をみる時には本や印刷物にパワーを入れて比較するのも良いでしょうし、食品や飲料水などに入れれば、自分に合っているかとか有害でないかどうかなどもわかるのでとても便利なものです。

ただし、厳密な答えが欲しい場合はやはり茶封筒に入れてブラインドで見ていくのがオーソドックスな方法だと申し上げられます。

パワーを上げてキャッチする

「パワーインストール」は超能力の基礎

紙にパワーが入ったら、次はパワーを上げてキャッチする段階になります。前節でもお話ししたように、キャッチするのは能力者でなくても敏感な方なら誰でもいいのですが、入ったパワーを上げるところまで来ると、「アップグレード」またはその前段階としての「**パワーインストール**」を受講された方でなければ不可能だと最初に申しあげておきます。

「パワーインストール」は超能力の基礎をなすものであり、ここでパワーの封入・コピー・転送などの能力が獲得でき「アップグレード」は、この「パワーインストール」をお受けいただいた方のみ受講できるからです。

で、具体的に〝パワーを上げる〟とはどんな風にするのかといいます

パワーインストール
パワーを伝授されることを言います。インストールを受けると未知のエネルギーを活用してさまざまな超能力を司る部分が永久的に活性化します。ひとたび超能力が活性化されると、直感が研ぎ澄まされ冴えわたってくることは勿論、治療能力や各人の得意な能力が特化して行くことが経験されております。

と、茶封筒の中の紙に封入されたパワーを、両手で掬(すく)い上げて上方に上げる様なイメージで行っていただきます。

「ＹＥＳ／ＮＯ」の答えは一つひとつみていきますので、パワーを上げるときも複数の紙に入ったパワーを全部一緒に上げるのではなく、上の写真のように一つひとつ掬い上げていくことが良いでしょう。

パワーとかエネルギーとかは目に見えませんので、上がっているかどうかは見ても分からず、結局手のひらでキャッチする意外に方法はありません。

あまり急がないことが肝心

本当にこんなことで上がっていくのかと心配される方もおいでででしょうが、ここまではかなり簡単にできますので、さほどのテクニックは必要としません。

紙に入れたパワーを上げたら、次はどこにそのパワーが上がっているのかを手のひらでキャッチするのですが、パワー自体がとても繊細なため、この微妙な感覚に慣れるまでは結構時間がかかるものです。

受講者に聞くところでは、「アップグレード」の伝授を受けてから毎日々々練習して、2~3ヶ月経つと漸く分かってくるとのことです。

また、「パワーインストール」受講後、病気治療やパワーの封入・コピーなどをなさることも、感覚になれる上で役に立つと申せます。

まぁ、個々人により違いはありますが、ゆっくりと時間をかけて練習していけば、いずれはどなたにもお分かりいただけますので、あまり急がないことが肝心です。

パワーが上がっている所をキャッチ

具体的にはどうやるのかと申しますと、キャッチする手は利き手でない方を用います。パワーを出す時は利き手を使うのですが、受け止める時は利き手でない方が敏感だからです。

そして、茶封筒を乗せたテーブルに向かって立ち、次ページの写真のように肩の高さで**一筆書き**を描くようにしてパワーが上がっている所をキャッチします。よくわからない場合は何回も何回も続けるのではなく、一旦腕を降ろしてリセットした後再び探ります。

初心者ほど腕に力が入りすぎて力んでしまうもので、肩や腕の力をできるだけ抜いて軽くサッと一筆書きを描いていきます。その途中で、〝ピリピリッ〟とした感じがしたら、そこがパワーの上がっている所になります。

パワーは必ずしも紙の直ぐ上に上がっているわけではないので、その周

一筆書き
手のひらを下にして封筒のうえにかざし手のひらを筆に見立てて横に文字を書くようにサッと書き流します。

辺を大きく一筆書きで触れる様な感じで行います。目は開いていてもかまいませんが、よくわからない場合は目を閉じた方が感覚は鋭敏になります。

あと、1ヶ所にじっと立ち続けるのではなく、特にうまくキャッチできない時は、立つ場所を変えるのも有効です。

また、時計やアクセサリーなどの類は腕から外した方がやりやすく、さらに言えば、上着を脱いで肘まで袖を上げてやるほうがわかりやすいと申しあげられます。

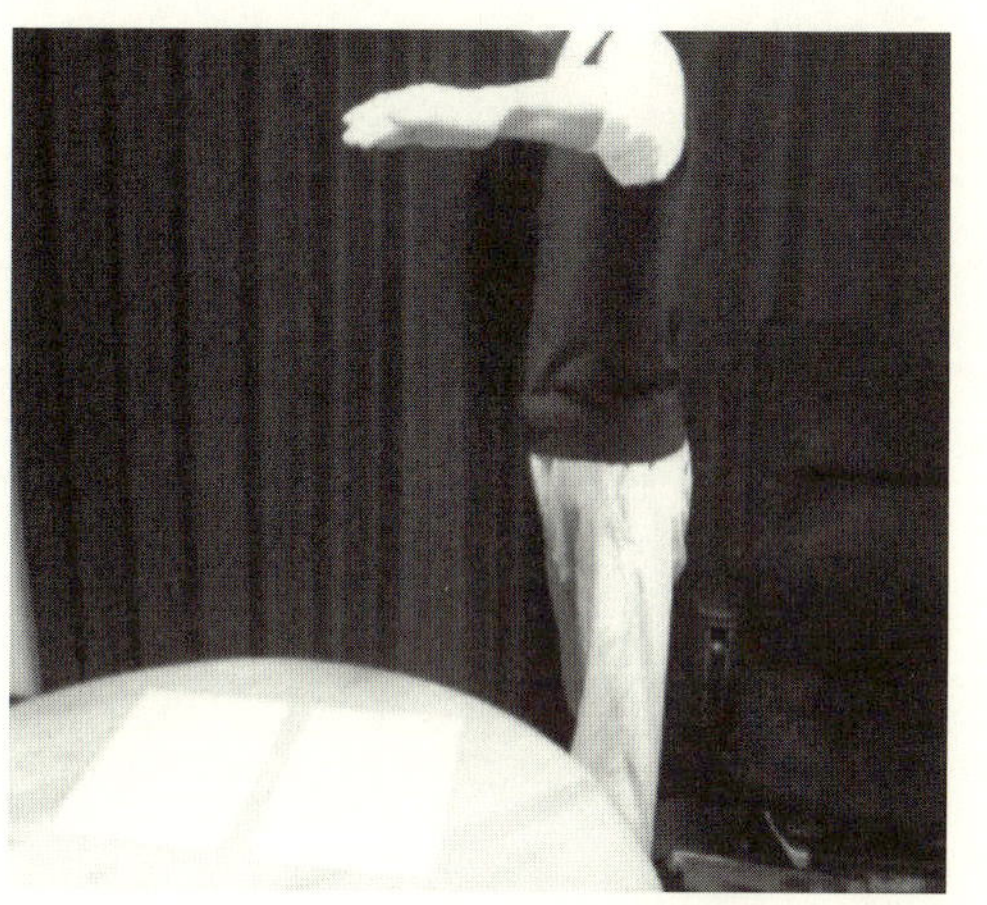

どこまで上がっているかを確認

ゆっくり時間をかけて練習する

パワーの上がっている所をキャッチしたら、次はそれがどこまで上がっているのかを確認する番です。

目を閉じて軽く一筆書きを描くように探っていて、〝ピリピリッ〟とするところがあったらそこで手を止め、腕を垂直にまっすぐ伸ばしてどこまで上がっているのかを感じ取るわけです。「YES／NO」では、〝温かい〟とか〝冷たい〟とかではなく、また〝強い〟とか〝弱い〟とかの主観的感覚ではなく、あくまでも高さで答えを出すわけで、1つの質問に対して2つまたは3つの答えを用意した場合、一番高く上がっているものを正解とするためです。

文章で書くとこのように簡単なことなのですが、実際にやると前節でもお話しした微妙な感覚に慣れていない場合はなかなか難しく、やはりゆっくり時間をかけて練習する意外ないのではないかと思われます。それと特に中高年令者の場合、腕が痛いとか肩が上がらない、また前節でお話しした一筆書きを描くなどがきれいに出来ないような方々もおられます。

しなやかに保つことが重要

私たちは、心身の状態をしなやかに保つためにウォーキングやエクササイズ・柔軟体操などを重視し推奨していますが、それらは肩・腕・腰など

ウオーキング　ウオーキングはジョギングではありません。中程度の運動量と考えて歩きながら会話ができる程度の早歩きで20分ぐらい8、000歩程度を目安に行うものです。

エクササイズ　ここで言うエクササイズは筋肉を鍛える筋トレとは違います。一番の目的は、「YES／NO」の感覚をキャッチしやすくするために身体の柔軟性を高め、身体の各部の動きやすさを促す点にあるのです。

をしなやかに保つことが「ＹＥＳ／ＮＯ」の感覚をキャッチするのに重要だと考えているからでもあります。

さらに、肩・腕・腰などに負担がかかる重いものを運んだ後などは「ＹＥＳ／ＮＯ」が正確ではなくなります。また、部屋の温度が低くて手のひらや腕が冷たいような時も正確な結果が出ませんので、こうした点にも配慮が必要です。「アップグレード」を受講された皆さんの一利き手でない方の一手は、まさに〝ゴッドハンド〟に進歩しているのであり、これを維持するには、ピアニストや芸術家以上の気配りが必要だとも申し上げられます。

〝はるか〟〝頭上〟〝頭から下〟とは？

感覚に慣れていくことが大事

パワーがどこまで上がっているかを確認するには、前節で述べたように〝ピリピリッ〟とする所があったらそこで手のひらを止め、腕を垂直にまっすぐ伸ばしていくわけですが、まず一番上のところに〝ピリピリッ〟という部分があるのかどうかを、手のひらを左右に少し動かしながら見ていきます。

もし一番上にあるようでしたら、さらにつま先を立てて背伸びしてもはるかに高いところにあるかどうかを見ていきます。はるか高いところにあるようでしたら、これは頭上をはるかに超えると言う意味で〝はるか〟と評価します。（116ページの写真参照）

エネルギーの感覚は非常に微妙

もし一番上を探ってみて〝ピリピリッ〟とした部分がなければ、手のひらを下向きにして、エネルギーの噴水の頭をトントンと叩くような感じで徐々に手のひらを下に下げていきますが、これがどこで止まるかによって〝頭上〟あるいは〝頭から下〟という評価をしていきます。

先ほど来申し上げているように、エネルギーの感覚は非常に微妙ですので、慣れるまでは時間がかかることもやむを得ませんが、パワーが上がっている所をきちんとキャッチすることができるようになれば、〝はるか〟〝頭上〟〝頭から下〟という判断は比較的簡単にできると申しあげられます。

いずれにしろ感覚に慣れていくことが大事です。

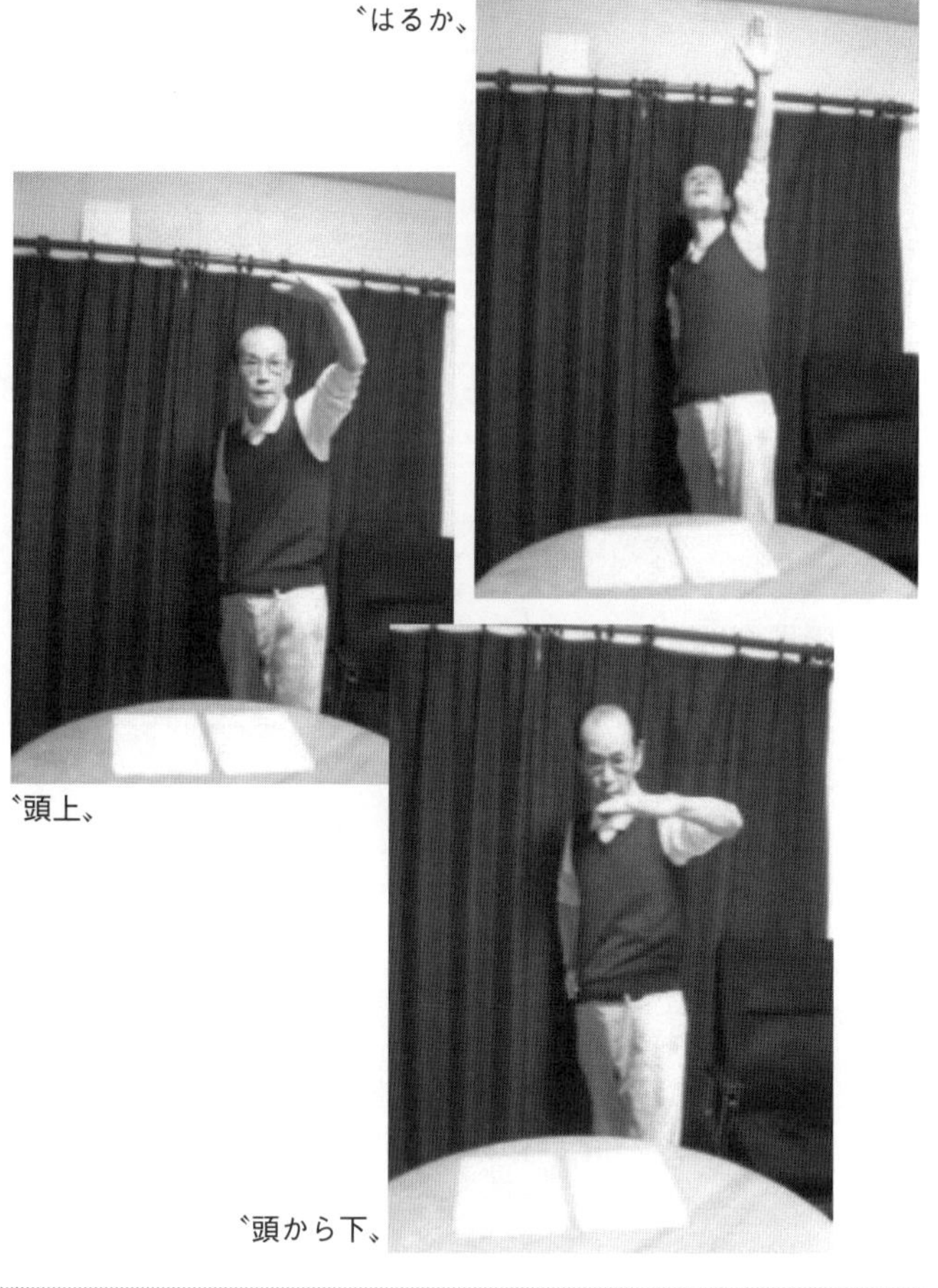

〝はるか〟

〝頭上〟

〝頭から下〟

未来予知がほぼ完全に出来る

ところで、〝はるか〟〝頭上〟〝頭から下〟の意味付けですが、〝はるか〟はその答えが圧倒的に正しいことを意味し、〝頭上〟はまぁまぁ評価できるという程度、〝頭から下〟になるとその答えはＮＯであるという意味になります。

１つの質問に対する答えがＡ・Ｂと２つある場合のことを考えると、Ａ・Ｂ２つの相互関係は次のようになります。Ａが〝はるか〟でＢが〝頭から下〟の場合は、Ａ≫Ｂ。Ａが〝頭上〟でＢが〝頭から下〟の場合はＡ＞Ｂ。ＡもＢも同じ高さの場合はＡ＝Ｂというように結論を出していきます。

一見アナログなようですが、この基本的なテクニックを完全に身に付けると、株価や先物価格さらにギャンブルの当たりまで予測出来るようになるわけで、皆様もどんどん場数を踏んで行けば未来予知がほぼ完全に出来ると確信を持って申しあげられます。

答えが分かれた時は多数決で

「YES／NO」の精度は常に100％ではない

前節のような形で質問に対する答えを出していくわけですが、二択（1つの質問に対して答えが2つある）の場合は、「YES／NO」を最低2回（2対0）から3回（2対1）やることが必要となります。三択（答えが3つある）の場合は、この回数が最低2回（2対0対0）から3回（2対1対0）、最大で4回（2対1対1）となるわけです。

1つの質問に対する答えが多いほど「YES／NO」の回数は増え、最短の回数で答えが出る場合もありますが、大抵は答えが割れるケースの方が多いのが普通です。

で、答えが割れた場合は多数決で多い方を正解とするのですが、そう聞くと違和感を感じて、「株価に2通りの答えはないはずだ」とか、「宝くじの当選番号が2つもあるはずがない」とおっしゃる方もおいでなのではないかと思います。

確かに私たちは、議会で法案を審議するような形で多数決を考えているわけではないのですが、「ＹＥＳ／ＮＯ」の精度が常に１００％ではないため、多数決で決める以外にないというのが本当のところです。

エラーを防ぐにはどうしたら良いのか

「アップグレード」をお受けになった方の場合で70％程度、「センサティブ」をお受けになったとしても95％から１００％の精度ですので、答えはどうしても割れるケースが多いのが実態です。

こう言うと逆に、「多数決で選んだ答えは必ず正しいのか」と疑問に思われる方もおいでだろうと思われます。

まさにその通り、多数決では決められないのですが、精密機械のような鋭いセンサーを持たない人間は、とにかく間違いを犯してしまう。エラーが起きるのが一般的なのだと捉えれば、こうしたエラーを防ぐにはどうしたら良いのかを考えた方が早いのではないでしょうか。

そしてこの問題に対しては、別な角度から同様の質問をしてみて、その答えが最初の質問の答えと一致したらそれは正解だというのが私たちの答えになります。

株（先物）価を予知して利益を出している

例えば地震の予知を行う場合、**関東大震災**級の大地震が何年何月に起きるという結果が得られた場合、別な角度から—例えば死者数・火災発生件数・被害額など—もみて、その結果が最初の質問の答えに一致すれば、何年何月に東京に大地震が起きるという予知は正解だと考えられるわけです。

「でもそれは、アナログな質問の場合にあてはまることで、株価やギャン

関東大震災
1923年（大正12年）9月1日11時58分というまさに昼時に相模湾を震源とするM7.9の巨大地震が発生。かまどや七輪の旧時代であったため多くの火災が発生し死者行方不明10万人、倒壊・焼失家屋37万棟という甚大な被害を出した地震災害です。

ブルの数字などデジタルな世界では通用しないのではないか」とおっしゃるむきも多いのではないかと思いますが、現に私たちはこの方法で株（先物）価を予知して利益を出しておりますし、ロト・ナンバーズや競馬でも当たることから、このやり方で十分通用すると考えております。

「YES／NOの精度」

ここで再び問題となるのが「当たる確率」＝「ＹＥＳ／ＮＯの精度」であり、70％位ですと〝まぐれ当たり〟が出ることもありますが、外れる確率もまた高いと申し上げられます。

しかし95～１００％に精度がＵＰしていきますと、当たる確率がはるかに高くなり、株（先物）などでは外れたとしても当たらずとも遠からずという結果を生み出すと申せます。要するに、〝売り〟か〝買い〟かという相場の実勢はつかめるのであり、仮に外れたとしても損失はほとんど発生しないという結果が出る形になります。

運命の女神はほぼ必ず微笑んでくれる

数学の理論は私にもよくわかりませんが、確率的な事象がある場合、その確率が70％の場合と95～100％になった場合の事象の発生率は、おそ

運命の女神フォルトゥーナ
Wikipedia より

フォルトゥーナ
ローマ神話に伝えられる運命の女神のことで、運命を操る舵を携え、運命を象徴する球体に乗り、幸運を象徴する羽根の靴を履き、幸福が満ちることがないことを象徴する底の抜けた壺を持っています。

らく10の何乗倍という程の変化を来たすのではないかと考えられます。

このように考えると、従来の「アップグレード」でもアナログな問題ではある程度答えが出てくるにもかかわらず、株（先物）やギャンブルといった世界においては、有効性が低かったという理由が良くお分かりいただけるかと思います。

そして、今回開発された「センサティブ」の威力がいかに膨大な力を秘めているものであるかをご自身で直接経験していただきたいと思っております。まさにそれは〝ミラクル〟と呼ぶに相応しい結果を出し、1回だけならまぐれでしょうが、それが何回も何回も続くというのはこれまでの常識からは考えられないことです。

運命の女神は必ず微笑んでくれるのであり、これにより私たちは、自由に羽ばたく翼を得たのだと申し上げても宜しいのではないでしょうか。

質問は的確であること

「YES／NO」をやっても正確な答えが出ない

第二章を終えるにあたって申し上げておかなければならないことに、「YES／NO」で何かを訊く時にはその質問が的確なものである必要があるということがあります。

第一章でもお話ししましたが、「アップグレード」受講後実習に入り、何か「YES／NO」で訊いてみたい質問はありませんかと言うと、すぐに出てくるのがスピリチュアル系の人たちで、「**アトランティス滅亡**の原因は」とか、「宇宙人は地球に紛れ込んでいるのか」、また「金星人がレムリア大陸に降り立ったと言うのは本当か」などなど。

このような科学的な検証がまるで不可能な問題に関しては、「YES／

アトランティス滅亡
アトランティスは、古代ギリシアの哲学者「プラトン」が語った伝説の島で、そこに住む人々は非常に高度な文明を持っていたとされています。傲慢さから神々の怒りに触れ、海底に沈められたと伝えられる古代の超文明大陸。

ＮＯ」をやっても正確な答えが出ないか或いはエラー続きとなってしまうのが普通です。

ポイントを絞った方が答えはより正確

次に出てくるのは、「うちの家族の○○という病気は治るのでしょうか」という質問ですが、これもまた非常に曖昧だと言わなければなりません。まず第一にそのご家族は現代医学でやるのかこのエネルギー療法を用いるのか或いはまた他の代替医療で治療するのかというコンセプトが出来ていない点です。

次に食養生や呼吸法といった取り組みについてはどうなのか、また、時間と費用はどの位かけられるのかなどが不明な点も正確な答えを遠ざける原因になります。

おそらく、ご家族は私どものエネルギー療法などまったく知らず、ご本人に内緒でパワーを送って治してみたいという、ある意味面白半分の気持ちが曖昧な質問に繋がるのではないかと思われます。

でも中には真面目な質問をされる方もいて、例えば「**ビッグ・バン**はあったのか」とか「○○星雲は超新星爆発を起こしているのか」というような壮大な問題も出てきます。

このような理論物理学的に非常に難しい問題の場合は、こうした分野の学問を少し勉強して、ポイントを絞った方が答えはより正確になるようです。

例えばビッグ・バンの有無を聞くよりも、その間接的証拠である**宇宙背景放射**について訊いてみるとか、超新星爆発を問題にするよりもそこから届く重力波について訊いてみる方がより明瞭な答えが期待できると思われます。

的外れな質問はエラーの原因

科学的な分野だけでなく、古代史など様々な説や考え方が乱立している

ビッグ・バン
138．2億年前に全ての物質とエネルギーが一カ所に集まり高温度・高密度状態からの爆発で膨張を始めた宇宙の始まりのことをいう。

宇宙背景放射
宇宙のあらゆる方向から来る電磁波で宇宙のはじまりであるビッグバンが起こった証拠だと言われています。

ような場合も同様で、例えば「聖徳太子は存在したのか否か」と問題を立てるよりも、「聖徳太子と呼ばれる人物は**西突厥**の**達頭可汗**であったのか」（当サイエンスＨＰによる）と訊く方がより詳らかな答えが出てくると考えられます。

以上はアナログな質問事項でしたが、株（先物）価や**ＦＸ**などに用いる場合も的外れな質問はエラーの原因になってしまいますから注意が必要です。

仮に「ＹＥＳ／ＮＯ」の精度が１００％だったとしても、質問自体が突飛だったり荒唐無稽だったりすれば、答えも的確には出てこないという結果になります。例えば、株（先物）価が上がるか・下がるかと漠然とした質問をしても、株（先物）価は常に上下しているわけですので、質問としては不十分と申し上げねばなりません。

また、現値が２万円だとした場合、一定期間後にこれが２万５千円になるか或いは１万５千円まで下がるかといった質問も、値幅が広すぎて的確な答えを導けないということになりがちです。

西突厥　モンゴル高原で活動したトルコ系の遊牧民が建設した古代遊牧騎馬民族国家である突厥から分離した西の勢力。

達頭可汗　突厥の西面可汗。室點蜜の子。點蜜が亡くなると、突厥の西部を管轄する西面可汗に任ぜられた。

ＦＸ　正式には「外国為替証拠金取引」といいますが「外為」の略称でも呼ばれています。ドルやユーロなどの外国通貨（為替）を交換・売買しその差益を目的とした金融商品です。

そうした意味では、この章の初めに日経新聞など読まなくていいし、その他特別な情報も不要、テレビやラジオの株式番組なども不必要と言いましたが、最低限度の政治・経済の動きを押さえたり、海外の動きなど頭に入れておくことは当然のことだと申し上げられます。

天は自ら助くる者を助く

私のセミナーに来ているＦＸのセミプロ・トレーダーなどは、様々な分析手法や各方面からの情報を組み合わせて最後の段階を「ＹＥＳ／ＮＯ」でクリアしているようです。

何の分析も何の情報も集めずに単純に「ＹＥＳ／ＮＯ」を使うよりは、このようにギリギリの所までは論理的手法を用いて予測し、最後の答えを「ＹＥＳ／ＮＯ」で訊くことで、膨大な利益を生み出して行くことが可能になるようです。

このことからもお分かりいただけるように、人智で分かる所は人智をもって最後まで突き詰める努力をすることが大事であり、以前も申し上げましたが、「天は自ら助くる者を助く」ということを忘れてはならないと思います。

証券取引の世界でも、カリスマと呼ばれるような人々の中には、**ファンダメンタルズ**や**チャート分析**といった手法をはるかに超える、ある種の易や氣学などを活用されている方もおいでになるようですし、第一線のトレーダーなどの書いた記事を読むと、「人間的な限界を超えた所で、明日の株価が見えてくることがある」などという不思議な事柄もあるようです。

私どもの申し上げていることもこうした観点に立てば、メカニズムは不明なものの、信憑性があることがお分かりいただけると思いますので、是非この力を活用して自由な人生設計を立てていただきたいと考えております。

ファンダメンタルズ
経済活動の状況を示す要因のことで経済成長率や為替レートのデータを指すこともあれば、企業の業績、財務状況などのほか政局、災害の有無、軍事的な緊張度合いなども含めた市場外の環境全てを指す経済の基礎的条件です。

チャート分析
チャート分析とは、いくつもある株のチャートパターンを分析して株の買いどきや売りどきを見極めるための重要な判断材料にすることを言います。

第三章

精度を左右する要因

呼吸法の効果

1冊の本が見つかった

本節で述べる呼吸法についてですが、実は既に2011年初頭から始めておりました。というのも、第一章でも少し触れましたが、当サイエンスでは2010年頃から中国での展開も検討しており、そのために国内とは違った派手なパフォーマンスが必要だろうと考え、〝念力で何かを破壊する〟訓練をしようということになったからです。

こう申し上げると読者の皆さんも、「念力と呼吸法と一体どういう関係があるのだ?」とお考えになるでしょうが、その当時は私たちもどうやったら念力の開発ができるのか全くわからず、誰か教えてくれる先生がいないか・どこかに本はないのか・インターネットの検索で見つからないかといろいろ調べてみたのですが、なかなか手がかりがなく、やっとのこと「YES／NO」で1冊の本にたどり着いたのです。

不思議なことが立て続けに起こった

『大夢・海水は燃える』**平村耕作**（ひらむらこうさく）著という本で、中身は波動とエネルギー理論で、ちょっと難しいというか荒唐無稽というか、何でこの本がと思うような内容でしたが、この本の中にある種の呼吸法が直感の獲得に有効であると書かれ、さらに参考文献の中にヨガ研究者**三浦関造**（みうらかんぞう）氏の『人間の秘密』という本があり、ここにはヨガの呼吸法が念力を高めるだけでなく超能力の獲得・進歩に有効なのだと書かれていたわけです。

「効果のほどはわからないけれども、他に手がかりがないのだからともかく有効であるというヨガの呼吸法をやってみよう」ということで始めた私たちですが、その後驚くべき経験を重ねることになったのでした。

始めて間もなく、不注意で落としてしまいレンズにひびが入ったメガネ

平村耕作（ひらむらこうさく）
元高校教師で超常科学電磁波エネルギーから、水を燃やす特許を申請した。

三浦関造（みうらかんぞう）
キリスト教徒で翻訳家、明治時代に教会の牧師として務める傍らヨガの研究から数多くのヨガに関する書を著わした。

の件がありました。

たまたま連休中でしたので休み明けに直そうと考えケースにしまっておいたのですが、当日修理に出すようにと従業員に渡そうとしてメガネを取り出すと傷がまったくなくなっている…。

また、仕事中にコンピューターが壊れ、業者に連絡しなければと思っているうちに、それが解消するなど、ほかにも不思議なことが立て続けに起こったのです。

アストラル体の変化に基づく感覚

一緒に呼吸法を始めた会員の間からも様々な不思議な体験が寄せられ、やはり一連の出来事はこの呼吸法に関係しているということが判明したのです。

その年は3月に東日本大震災がありましたが、震災前から私たちだけでなく呼吸法を始めた会員が言うには、身体がグラグラする・いつも揺れてるような感じがするといった共通体験をしていたのです。

震災後も「スワッ、また余震か」と思うほど身体が揺れることがあったり、夏ごろには〝幽体離脱〟が経験されるなど、これらの原因が、エネルギー体の1つであるアストラル体の変化に基づく感覚であることが分かったのです。

ヨガの詳しい解説はここでは省略しますが、ヨガの呼吸法により**エーテル体**の外側のアストラル体が変化し、それに伴って肉体が矯正されていく過程が超能力現象として現れたものだといえます。

驚くほど鮮明な感覚が得られることも

前置きが長くなりましたが、この呼吸法を取り入れた後、私たちも古参の会員たちも同様でしたが、「YES／NO」を使っている時の手のひらの感覚が今までとは全く違ってきたことに気づいたのです。

微妙であることは前と同じなのですが、呼吸法をやる以前と比べるとか

エーテル体
エーテル体とは、人間の霊体を形成する粒子のひとつで、肉体が生存・活動していく機能のバランスを保ったり、宇宙エネルギーを体内へ取り込む役割をもっています。オーラと言われる発行体はこのエーテル体のことを指しています。（142頁）

なり明瞭な感じがし、「こんなに違うものか」と驚くほど鮮明な感覚が得られることも度々でした。

この年は夏頃から現物株・信用取引を初め、秋口からは「日経225先物」を開始するまでになっておりましたので、「YES／NO」を株や先物に使う場合は呼吸法が必須であると位置づけるまでになっていたのです。

この頃の私は、朝4時に起きてまず呼吸法を行うことがトレードへ向かうための準備であり、これがうまくいかない日はトレードの結果も良くないというほどの状態だったと申し上げられます。

アストラル体が活性化されていることが重要

「スーパービリオン」の原型はこの頃までに出来上がっておりましたが、これを使ってもなかなか当たらない日があったという原因は、今にして思えば呼吸法をやったか否かの違いにあったわけです。

このメカニズムに関しては次節で詳しくお話しいたしますが、アストラ

スーパービリオン
「アップグレード」の能力を前提に、過去・現在・未来のすべてを見通す力を株式市場に適用させたものがスーパービリオンです。人智をもってしては難しいとされてきた個別株の値動きや日経225先物、さらにFX等まで予測することが可能となり、だれでも一定期間の練習を経て証券市場で自由に稼ぐことができるようになります。

ル体が活性化されていることが株（先物）価やギャンブルの結果予測に重要であり、「アップグレード」によって獲得される「ＹＥＳ／ＮＯ」の能力と現在の「ＹＥＳ／ＮＯセンサティブ」の違いは、エーテル体が変化するのか、アストラル体の変化まで伴うのかという違いに帰結する様です。

このように見てきますと、もし平村氏と三浦氏の本に出会うことがなかったら、未来予知などの能力も現在の確率95～１００％まで高まることもなく終わっていたでしょう。

念のため申し添えますと、自己流でやるのは〝偏差〟を起こしたりすることもあり危険ですので、呼吸法の詳細については両氏の本に直接あたっていただくか、当サイエンスにお問い合わせください。

少食と（半）断食

どうやったらそんな能力がつくのか

前節では念力の訓練として取り入れられた呼吸法が、「ＹＥＳ／ＮＯ」の感度ＵＰにも繋がったことをお話ししましたが、本節でお話しする**少食**と（半）断食についても、実は「ＹＥＳ／ＮＯ」とは直接関係のない透視能力の訓練の過程において取り入れられたものなのです。

第一章の「神通力の体験」の所でお話ししたように、透視能力についてはある日突然天界から教えられたわけですが、ではどうやったら更なる能力を高められるのか。

念力に関しても先生はおらず、出会った本がきっかけだったことから、透視能力についても事態が同様であることは容易に想像されました。

少食
さまざまな方式が提唱されていますが、何を食べる、何を食べてはいけないということはなく、基本的に朝食を抜き、昼食は軽食もしくは野菜ジュース程度、夕食は穀物・野菜中心で肉や乳製品、油、刺激物は避ける。夕食の後15時間～18時間は何も食べずに胃腸を休ませるというものです。

そこで考えられる様々な方策を挙げ、これらを「YES／NO」で見る以外に方法はないということでやってみた結果、少食と（半）断食にたどり着いたわけです。

念力や透視の成績を記録するのが日課

断食自体に関しては私も、若い頃胃腸病で苦しんで**西式健康法**に出会って以来直接自分でも経験し、方々の断食道場に行ったり、自宅で行ったりしていましたのでさほど驚きはしなかったのですが、その頃は断食が終わるとごくごく普通の食事に戻していましたので、この時出てきた〝少食〟というのはなかなか厳しいなと感じたものでした。

というのも、以前からお付き合いのあった食養の先生がいたのですが、この先生一家そろって完全な菜食主義者。肉や魚は食べないけれども乳製品や小魚はよしとするのがいわゆるベジタリアンだとして、この先生たちは動物性タンパクは一切摂らずに、玄米菜食のみ食べる**ビーガン**と呼ばれ

西式健康法
昭和初期に西勝造により創始された運動療法、食事療法、物理療法などを組み合わせた健康法です。

ビーガン（完全菜食）
一般的なベジタリアンと区別するために完全菜食主義者はVegan（ヴィーガン）と言います。徹底した菜食主義を貫く人たちで「人間は動物を搾取しないで生きるべきだ」という考えを持ち、肉や魚はもちろん、卵、チーズ、バター類なども一切口にしません。食生活だけでなく、衣食住すべてに動物性の素材を使用しないなど徹底した生き方です。

る人達だったのです。

この何年か前、食養講座でこの先生のご指導により、食品添加物や医薬部外品の添加物については注意を払っていたのですが、それ以外の部分は普通の人と一緒で、外食に気をつける程度で来ておりましたので、少食については一切経験がなかったのです。

あと、ヨガの本などを読んでも、やはり玄米粥と菜食が基本だったりして、「いやー、今後の人生、食べる楽しみなどなくなるのか」と思ったものでした。

逡巡しながらも、まず朝食を玄米スープに置き換えるところから始め、徐々に食事の量を減らしながら透視の訓練を初めてみたのです。朝・昼・晩何を食べたか、呼吸法はやったたか、エクササイズはどうかなど記録しながら、念力や透視の成績を記録するのが日課となっていました。

透視能力と株価予知能力とが比例する

途中完全菜食を2ヶ月ほど続けてみたり、禁酒を1ヶ月ほど続けてみたり、短期断食を繰り返したりした結果、その年夏頃には茶封筒の中に裏返しに入れたメモ用紙の文字がうっすらと見えてくるようになったのです。

これに力を得てさらに少食に励むつもりでいたのですが、体重が10kg近く減ってくると、「どうにも見栄えが悪い、これではセミナーなどで出席者に変に思われる」というスタッフからの意見もあり、少し食生活を元に戻し、現在は、朝は玄米スープ・お昼はお粥かおじやに味噌汁、夕方はごく普通でおかずに日本酒二合程度にといった内容になっております。

しかし、これらの経験で分かったのは、少食と（半）断食により透視能力が高まって来るということであり、「日経225先物」再開後は、透視能力と株価予知能力とが比例するということも判明したので食生活には細心の注意を払っています。

初めて95～100％の精度が達成された

前節で、「アップグレード」によって獲得される能力と「YES／NOセンサティブ」の違いは、エーテル体が変化するのか、アストラル体の変化まで伴うのかという違いに帰結するということをお話ししました。

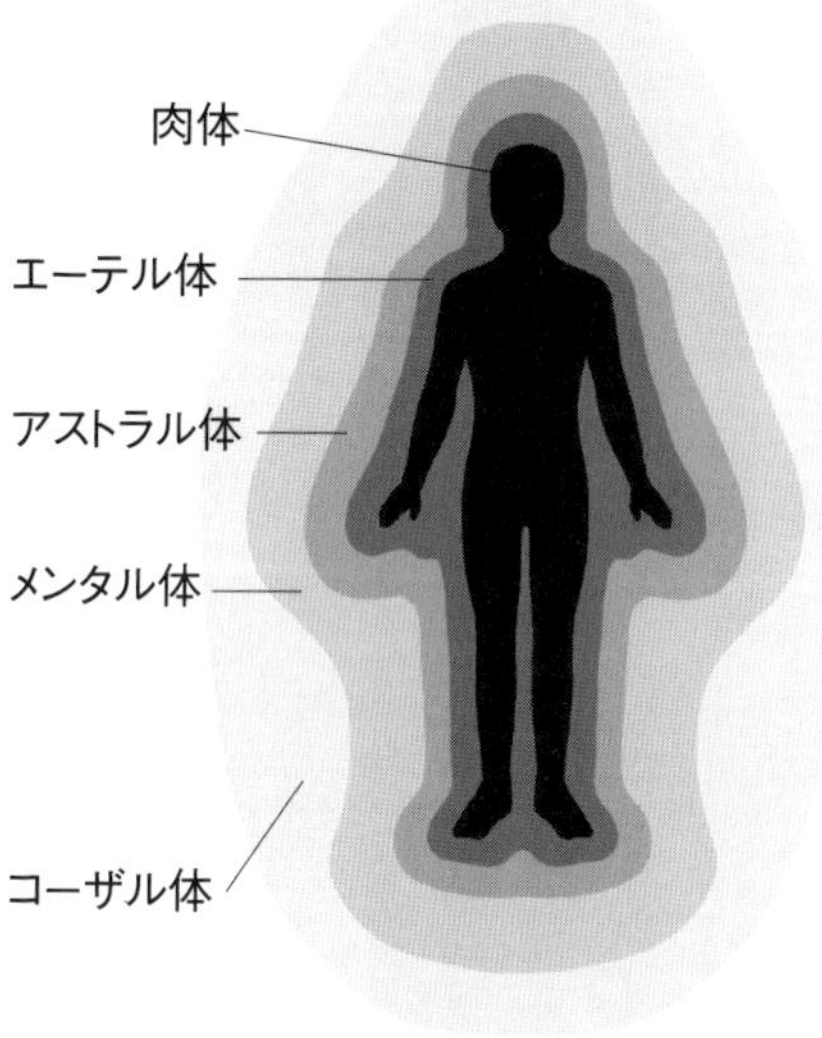

ではこの差はどのようなメカニズムに基づいて出て来るのかといえば、上の図のように肉体の外側にはまず〝エーテル体〟という層があり、従来の伝授はこの部分に働きかけて瞬時に超能力を司る部分を活性化したと言えそうです。

それと比べると、神通力の開発にはさらに外側の〝アストラル体〟が活性化することが必要であり、そのために有効なのが呼吸法や少食・（半）断食などであると申し上げられます。

神通力の完全な開発には呼吸法・少食・（半）断食を行う以外にも何らかのファクターが必要であろうと思われますが、これは今後の課題といたします。この過程で得られた「ＹＥＳ／ＮＯセンサティブ」は、アストラル体の活性化によって初めて95～１００％の精度が達成されたとみるのが妥当だと思われます。

疲労や睡眠との関係

肉体を対象としての考察

第三章に入ってから、呼吸法や少食・(半)断食などの話にはじまり、エーテル体・アストラル体などの言葉が出てきてやや面食らわれた読者もおられるかもしれませんが、本節では肉体を対象としての考察になりますのでご安心いただきたいと思います。

すべては「YES/NO」の時の手のひらの感覚にまつわることですが、一般的に感覚というものが成立するためには、末梢の感覚受容器で刺激がキャッチされ、これが知覚神経を伝わって脳に至り、大脳の感覚中枢で感覚が成立するということになっております。

ただ、私たちのような立場で経験を積んでくると、生命というものは肉体的な現象だけではなく、エネルギー体的なものも含む──いやこちらの方が重要かもしれない──とするところから、エーテル体・アストラル体などの問題にも言及しなければならなかったわけです。

で、このうち感覚受容器・伝導経路・感覚中枢の感度についてお話しする内容となり、これらは肉体のコンディションいかんで鋭敏な時も鈍感な時もあるのだということは十分お分かりいただけるものと思います。

ゆったりとした気持ちで「YES／NO」

一般的に疲れてくると感覚が鈍くなってくるのは、細胞の電気生理学的な閾値（いきち）が高まることで従来説明されてきました。

腕が疲れたり肩が凝ってきたりすると「YES／NO」の精度が低下してしまうことはよく経験されることで、そういう場合は少し休んでから再開することが良いようです。

また睡眠不足の時などにも精度低下をきたすわけですが、これは中枢神経系の感受性の低下と捉えられます。反対に、ぐっすり寝た後は手のひらの感覚が明瞭になり、結果的に「ＹＥＳ／ＮＯ」の精度がアップしていくと考えられます。

ですので、セミナー等で皆様にご説明するのは、人それぞれに得意な時間帯というものがあり、それは午前中かもしれないし午後かもあるいはすべてが片付いた夜かもしれませんが、そうした時間帯にゆったりとした気持ちで「ＹＥＳ／ＮＯ」をやっていただきたいということです。

体調をベストに保つことがいかに重要か

特に、これから出かけなければならないとか、何かをしなければいけない、あるいはお客が来るなどの用事がある場合は、不向きな時間となります。

そうは言っても株（先物）や相場をやる場合には、市場の時間というものもありますので一概に自分の都合だけを言っているわけにはいきませんが、とにかく体調をベストに保つことがいかに重要かと強調しても、し過ぎることはないと申し上げられるでしょう。

まぁ、私の経験から申し上げれば、こうしたことが複合して現れて来るのは、泊まりがけの旅行に行ったときや、仕事のために外出した時、さらに長距離運転をした後などで、こういう場合はその後1日ゆっくり身体を休めてから「YES／NO」を行うように心がける必要があるようです。

不純物のデトックスが必要になる

また、こういった時には出先で外食をしたり加工食品を食べたりすることも多くなりますが、これもまた影響が出なくなるまで1日～2日かかるようです。

いくら体調がいいと言っても、「YES／NO」の感覚自体は何らかの影響を受けておりますので、無理なトレードなどは避けて少なくともその後1日身体を休めたり、外食や加工食品で取り入れた不純物の**デトックス**

デトックス
現代社会では食品添加物を始め人体に悪影響を及ぼす化学物質や合成化合物、薬物などが体内に蓄積されてしまっています。そこで体内に溜まった有害物を排出させ体内から毒素や老廃物を取り除くことが健康を守るために必要になっています。こういった体内の有毒な物質を解毒して、尿や汗とともに排出する美容・健康法です。

が必要になるというのがこれまでの経験からお話できると思います。

それと、第一章の最後でも申し上げましたが、一定の年齢を超えた場合はご自分のお身体のお手入れにも十分気を使い、しなやかで柔軟な肉体を取り戻すことが重要になって来ます。

「YES／NO」を実際にやっていただくとすぐに分かりますが、これはかなりの肉体労働であり、肩や腕に結構な負担がかかるため、休み休みやらないと感覚が分からなくなって来るのが普通です。

精度低下につながることもある

同時に中枢神経系への負担もかなりなものであり、このことはこの超能力を使っている時に観測される脳波が通常の**α波**とか**β波**とかいうようなゆったりした波ではなく、かなりの振動数が記録されることからも強い興奮状態と考えられます。

末梢と中枢が同時に酷使されるのが「YES／NO」であり、そうした

α波（アルファー）・β波（ベータ）

人の脳から出る「脳波」のことで能動的で活発な起きている間の脳波はβ波が出ます。目を閉じて落ち着いたり何かに集中しているとき脳波はα波になるといわれています。

観点からも普段から体のコンディションを整えておくことが大事なのです。

注意せねばならないのは普段激しい運動に慣れている方々で、ご自分では肉体的に支障がないと考えていても、１本１本の筋肉や靭帯あるいは鍵などはかなり傷んでいることもあるようです。

大雑把な動きでは感知できない知覚異常が潜んでいることも珍しくなく、こうした場合手のひらの感覚に影響してしまい精度低下につながることもあるようです。

とにかくこうしたことが起きないよう、特に中・高年齢者では普段から鍼灸・整体・温泉療法などに勤しんでおくことも必要になるのではないでしょうか。

しかし、かといってまったく運動をしないのも睡眠や体の柔軟さに影響しますので、私どもではウォーキングやエクササイズで適度な運動をすることもお勧めしております。

有名なトレーダーやギャンブラーなどでも、タバコの煙の充満した部屋でマシンに向かっているなど過去の光景であり、現在では 健康な生活習慣を取り入れることも仕事の一環として位置付けておいでの方々が成功されているようです。

添加物と放射能

肉体のコンディションをベストに保つこと

本章ではこれまで、呼吸法や少食・（半）断食がアストラル体を活性化し、これが「ＹＥＳ／ＮＯ」の精度をアップさせること、さらに肉体のコンディションをベストに保つことが手のひらの感覚に重要であることをお話ししてきました。

ところが本節と次節では、逆に「ＹＥＳ／ＮＯ」の精度を低下させる要因についてもお話ししなければなりません。

具体的には、添加物と放射能、また邪気と地磁気に代表される宇宙・地球環境の影響ですが、本節ではまず添加物と放射能の影響について考察してみたいと思います。

化粧品をはじめとする医薬部外品については、第一章でもお話ししたように〝表示指定成分〟というグレーゾーンの添加物が１００種類以上あり、これらを含んでいないことを確認して使わないといけませんが、逆にこれらを含んでいない商品であればメーカーは〝無添加〟と表示することができるため、他の石油系添加物は配合されているようなケースも多々あります。

大企業の商品にはほとんどこの抜け道が用意されていると考えられますので、良心的なメーカーを各自が見つける以外に手はありません。これが食品になると事態はかなり複雑になり、現在の我が国の食品は〝添加物〟と〝放射能〟の複合汚染状態だと考えられます。

というのも、添加物については一定の表示をしなければなりませんが、放射能については我が国の基準がチェルノブイリの5倍〜10倍以上も緩いため、産地によって私たち自身が取捨選択しなければならないからです。

原材料の産地にも注意

例えば無添加のハムソーセージがあったとしても、原料となる肉の産地が〝国産〟となっている場合は注意が必要です。

外食産業などで特に問題となるのですが、国産の中で仕入れの安い食材は福島をはじめとする放射能汚染地帯が産地となっているからです。

米などを考えると、消費者が直接接するスーパーマーケットなどでは忌避されるのですが、卸や仲卸を経由した複雑な流通経路の中で、汚染米は飛ぶように売れていると言われています。

同様なことは水やお酒、嗜好品や飲料などについても当てはまりますので、添加物に関してはもちろん、原材料の産地にも注意してお求めください。

こうしてみてくると、現在わが国で流通している加工食品はどれもこれも危険だと考えられ、結局安全な食材を自ら求め、調味料や油など全般に注意した手作りの料理が良いのであり、このことは戦前の簡素な食生活に戻っていくことを意味しているようです。

食生活の欧米化に伴って、日本人—特に女性や子供—の味覚が鈍ってきつつある兆候は、誠に憂慮すべき事態なのですが、少食のところでも申し上げましたが、食欲という最大の欲望をうまくセーブできなければ今後益々難病・奇病に見舞われ、私たちの日常は大きく損なわれて行くのではないかと考えられます。

邪気と地磁気

「YES／NO」が撹乱されることを防ぐ手立て

本節では「ＹＥＳ／ＮＯ」の精度を低下させる要因としての邪気と地磁気をはじめとする宇宙・地球環境の影響についてお話ししてまいりますが、これらが前節で取り上げた添加物や放射能と異なるのは客観的な計測が不可能だという点です。

添加物については計測というよりも商品の表示を見て判断できますし、放射能についても環境放射線量は行政のＨＰで確認するか線量計があれば直接計測することが可能です。

食品中の放射能については家庭で直接計測することは機器の値段が高いなどの理由から難しくなりますが、残留放射能を予め測定して〇〇ベクレル以下の商品しか出荷しないという業者を選べば安全は担保されるといえます。

しかし、〝邪気〟についてはそもそも科学的概念ではありませんし、〝地磁気をはじめとする宇宙・地球環境の影響〟にしても、第一章でお話ししたように、地殻のストレス・圧力・磁場・ハレー彗星の接近・月の満ち欠け・被験者の年令などさまざまな要因があり、対象はおそらく重力波やニュートリノまで広がってしまうのではないかと考えられます。

こうなると、個々に計測することはおろか、これらを完璧に防御することなど事実上不可能であり、「YES／NO」が撹乱されることを防ぐ手立てはないようにも思われます。

けれども、このパワーを用いて何とかこうした撹乱要因をシャットアウトすることに成功し、精度アップがもたらされたことは第一章でお話ししたとおりです。

シールドが一人ひとりに半永久的に形成される

現在では、**「イーブルズ」**という伝授項目があり、これをお受けいただくことによって、〝恨みつらみや妬み嫉み〟をはじめ、ストーカーのような〝過剰な依頼心〟まで含めた〝妨害念波〟から解放されることが可能となっております。

また地磁気等についても、考えられるあらゆる要因を網羅した〝**YES／NOシールド**〟が開発されており、「YES／NOセンサティブ」の伝授に当たっては、このシールドが一人ひとりに半永久的に形成されることで、飛躍的な精度アップがもたらされたという次第です。

目に見えないという点では放射能も同じですが、考えようによっては―現代科学が対処できないので―放射能以上に手強い撹乱要因も、こうしてようやくコントロールできるようになったのだと申し上げられます。

イーブルズ
イーブルズは、死霊や生霊などの影響を短期間で取り除くことが可能なパワー手法です。また、「纏わりつく念」と呼ぶべきものに関しても、その相手方に他の活路が開かれるよう天界の力を用いて解決を早めさせることができます。このパワーは、特定の相手にだけ作用するのではなく、不特定多数の有害な人々すべてに作用するよう設定されております。

YES／NOシールド
センサティブな脳を撹乱する、地磁気等をはじめとする要因すべてをシャットアウトするシールド。

精度確認の必要性

調子のいい日と悪い日とがある

本章ではここまで、呼吸法と少食がアストラル体の活性化を通じて「ＹＥＳ／ＮＯ」の感度をアップすること、添加物・放射能・邪気・地磁気等が精度を低下させること、またこれら以外に肉体的なコンディションも結果に影響して来ることをお話ししてきました。

これらの要因が総合的に作用して「ＹＥＳ／ＮＯ」の結果に影響するわけですが、残念ながらそれをモニターする機械のようなものも現状では開発できないこともまたこれまでの考察から明らかだと思われます。

ですので、いきなりトレードを行なっても利益が出るとは限らず、また、数字選択式のクジや馬券などをいきなり買っても当たりが出るとは限りません。

これだけ複雑な要因が絡んでくると、いわゆる調子のいい日と悪い日とがあり、調子のいい日は感度も冴えて撹乱要因の影響も少ないわけですが、悪い日は最初から最後までまったく当たらないこともめずらしくはないと言ってもよいでしょう。

コンディションが悪い日は本番はやらずに見送るべき

予め今日のコンディションが分かるわけではなく、具体的に何かをみてみて、その後それが当たっているかどうかを見ない限り、調子がいいのか悪いのかは検証できないのが「YES／NO」の特徴なのです。

そうであるなら、本番の前に現在のコンディションがどの程度のものかを知っておく必要があり、コンディションが悪い日は本番はやらずに見送るべきであり、調子のいい日に限ってトレードやクジ・馬券購入に臨むべきです。

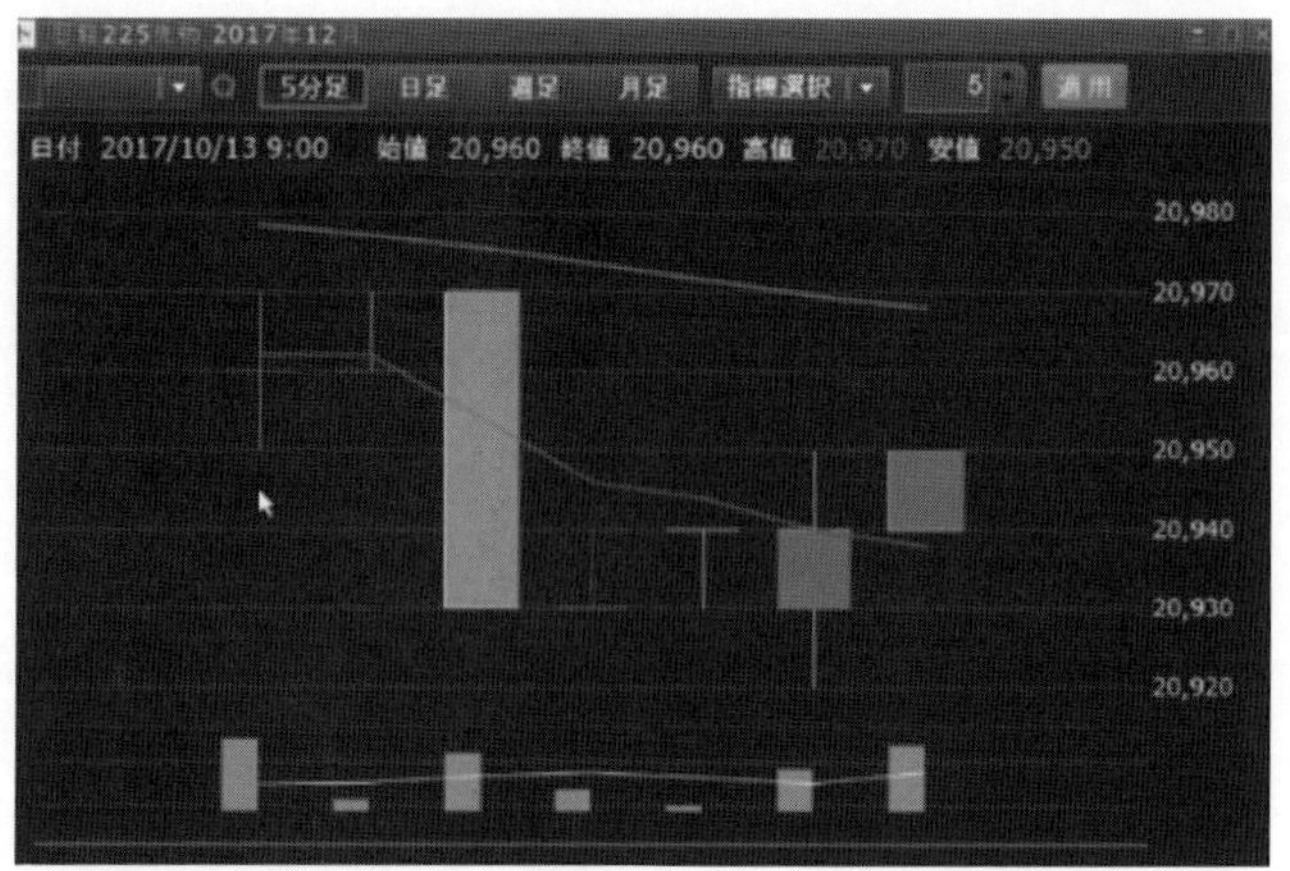

これが精度確認というものであり、私などは「日経225先物」をやっておりますので、朝9時の始値を基準に、9時半までに±○○円が出るかどうかを「YES／NO」で見て、その結果により具体的なトレードをやるかどうかを判断しております。

この場合、上値が出ないという予測が当たっていれば1点、下値が出るという予測が当たっていればこれも1点とカウントしますが、問題は上記のチャート図にあるような結果が得られた場合の判断です。

9時の始値20960円に対して＋40円が出ないは当たりましたので1点ですが、−40円が出るという予測に対してヒゲだけしか出ておりませんのでこの場合は0．5点とカウントすると、合計は1．5／2という結果になります。

過去・現在のすべての問題にも正解が出る

人により様々な基準を設けてかまわないのですが、私の場合は予測が2／2あるいは1．5／2まで行かない日はトレードを見送っています。もちろん、朝の結果が0／2はともかく、1／2位ですと本番でも結果が出ることはあるのですが、当たらないこともまた覚悟しなくてはいけないと申し上げられます。

1．5／2が95点、2／2が100点と考えられ、これが出る日はトレード以外でも明確な未来予知が可能であり、過去・現在のすべての問題にも正解が出ると考えても良いと思われます。

第一章・第二章でも申し上げましたが、この精度確認がなされているのかいないのかが他の霊能者や占い師などと当サイエンスの違いであり、ここまで読み進めて来られた皆様には、どちらの信憑性が高いのかはもう自明であると思われます。

この精度確認に用いる指標は、常に動いている「日経225先物」やCMEなどが短時間で答えが出て使いやすいのですが、その他何らかのアイディアで似たような指標があれば、そちらをお使いいただくことも可能ではないかと考えております。

未来予測や経営判断・人生相談など

いずれにしろ、従来の能力ではちょっと危なくてできなかったような未来予測や経営判断・人生相談なども、95～100％の精度が確認出来る時は、私どもも自信を持って様々な助言が出来るようになったわけです。

私自身現在70才を目前にしておりますので、あまり多くのことには取り

CME
アメリカのシカゴにある「シカゴ・マーカンタイル取引所」のことで、世界最大規模の先物取引所で金融と商品のデリバティブ取引を行っている。

組めませんが、今後は歴史の真実を暴いたり世界の未来を展望したり、また科学や理論物理学上の難問について答えを出していくこともしてみたいと考えております。

いわゆるエセ科学やニセ医学また霊感商法などの暴露もこの過程で同時進行していくかもしれませんが、あまり身を危険にさらさなければという条件付きになるかと覚悟しております。

〝天界〟のライセンス

〝天界〟というものについて

さていよいよ本書も終わりに近づいてまいりましたが、最後に〝天界〟というものについてもう一度お話ししておかなければなりません。

第一章の「神通力の体験」においては、「人がこの天界と結ばれる時、人間的努力では到達しえない至高の能力が発揮される」こと、また「未来予知についても天界の加護があれば圧倒的に認識の幅が広がる」と述べ、第二章のはじめには、現在の私たちが考えているこの世界の構造を記載し、その最上部にこの〝天界〟が存在することを図示しました。

しかし読者の皆さんからは、「天界ってどこにあるのか、それは証明できるのか」という疑問をいただくのも当然だと思われます。

私たちはこれを天界の存在と呼ぶようになった

滝行の際に現れた球体

実は私たちも最初はあまり深く考えていなかったのですが、滝行を始めるようになってから―肉眼では見えないのですが―写真やビデオに〝球体〟が必ずと言っていいほど撮影されることに気づいたのです。

一般的に考えてこれは何らかのエネルギーのようにも思われますが、「YES／NO」でみてみたところ「何らかの存在」という答えが帰ってきたのです。

この球体、〝初めての滝ではなかなか出て来ず、何回か行って慣れてくるに従ってたくさん出てくる〟ことを考えると、やはり存在と考えることが妥当だと思われます。

しかも、何らかの〝音や声〟が一緒に記録されることもあり、そうした経験を重ねて私たちはこれを天界の存在と呼ぶようになったのです。

時空を超えた因果関係

第一章の「熊本大地震での発見」の最後の所に、玄関先で使っているお盆の写真（79ページ）を載せておきましたが、私どもは朝に天界に祈願し、夕にお礼を言って1日を終えるのを習慣としております。

〝神〟というものがどういう概念なのかは私どもにも分かりませんが、この祈願を行うことによって運気がアップしたり難題が解決したり災厄から守られたりする所から、天界または天界の存在には無限の叡智と能力があるのだと考えられます。

それはまた〝天網恢恢疎にして漏らさず〟という言葉があるように、私たち1人ひとりの行いははるか彼方から細大漏らさず捉えられており、時空を超えた因果関係もすべて予めインプットされているのかもしれません。

人を天界に結びつけるパワー

既に神通力を体験してしまった私たちにしてみれば、天界または天界の存在の辞書には不可能と言う言葉はないのだと考えざるを得ませんが、それはまた逆に、天界または天界の存在の許諾がなければ神通力は獲得できないこと、また、未来予知を完全にこなすこともできないのだと思われます。

ではその許諾またはライセンスはどのようにして獲得できるのかといえば、厳しい修行や苦行を続けて心身を浄化していくか、あるいは当サイエンスの**「スーパーストリーム」**という伝授をお受けいただくかのどちらかになります。

実際、滝行などでは「スーパーストリーム」をお受けになっていない方が参加された時には、球体がまったく撮影されないことからも、本伝授が人を天界に結びつけるパワーであることがお分かりいただけます。

「スーパーストリーム」の概念について一言付け加えるとすれば、当サイエンスＨＰの「超古代史論」をご覧いただければお分かりになると思いますが、現時点で申し上げられることは我が国特有の「古史古伝」などはすべて偽書であること、この国の狭隘（きょうあい）なナショナリズムを越えて、より普遍的な概念を求めなければならないということのようです。

スーパーストリーム
超次元世界の最高位にある天界へ人を結びつける力。至高の流れに身をまかせることで運気をアップし、人間関係を改善するなど願望を実現に強力な効果を現す。

あとがき

本書では、これまでの経験に基づき、株（先物）価やギャンブルの結果で証明してきた未来予知の具体的な方法について述べてまいりました。私どもの伝授をお受けいただいたうえで「ＹＥＳ／ＮＯ」の実習をきちんと行い、その後「精度を左右する要因」の一つひとつをご自身でクリアーして行けば、95～１００％の精度にに到達することが可能となります。

もし本書を手にされたあなたが今すぐ始めるとすれば、短ければ半年・長くても1～2年以内に「株（先物）からギャンブルまで予知できる」能力が身に付くものと確信しております。

Ａ・デュマの「モンテクリスト伯」の最後に、「主が、人間に将来のことまでわかるようにさせてくださるであろうその日まで、人間の叡智は全て次の言葉に尽きる」として、「待て、しかして希望せよ！」という件（くだん）がありますが、読者の皆さんも希望を持って順序良く行なっていただければ、「運命の女神は必ず微笑む」と申し上げることができます。

かつてマルクスが、「資本論第三巻」において構想した〝自由の王国〟は、現在の高度国家独占資本段階あるいは高度金融資本段階の社会においては未だに実現されず、逆に、強固な管理社会の重圧あるいは柔構造的抑圧がますます人間を疎外する様相を強めているようです。

因みに東京市場などと言っても、資金量の7割方が欧米ヘッジファンドに抑えられている状態であり、こうした偏頗（へんぱ）な市場で個人投資家が利益を出していくことが事実上無理なことは、火を見るより明らかです。

どんなに情報を集めようが、いかなる分析をしようが、膨大な資金量を擁するヘッジファンドの意向如何で値が推移してしまうからです。

しかし、本書で述べてきた未来予知の方法を身につければ、そうした市場操作も超越したミラクルな結果が出ますので、制度的には実現しなかった自由の王国の門を、出来た人から先に開くことが可能だと申し上げられます。

こうして経済的自由＝実質的自由を確保すれば、もうすでに泥船と化しているこの国においても、積極的な未来を展望することができ、実り豊かな人生を獲得できるのではないかと考えております。

最後に、本書の出版についてご尽力いただいた㈱バリューアップ・プロモーションズの志塚直紀氏と㈱フジコムの須藤修一氏に、心から御礼申し上げてご挨拶とさせていただきます。

２０１８年2月

ＰＲＯＴＯサイエンス会長　朝比奈省爾

未来予知の法則

2018年3月1日　初版第1刷発行

著　者　朝比奈 省爾
企画発行　PROTOサイエンス
〒102-0085
東京都千代田区六番町15-2-3F
TEL 03-6272-5192
FAX 0120-508-096
http://www.proto-s.net/
発　売　株式会社 ごま書房新社
〒101-0031
東京都千代田区東神田1-5-5
マルキビル7F
TEL 03-3865-8641（代）
FAX 03-3865-8643
制　作　株式会社 フジコム
印刷・製本　創栄図書印刷株式会社

本書の内容についてのお問合せは
PROTO サイエンス
TEL：03-6272-5192

ISBN978-4-341-17235-0 C0011